Sawade

SWEET**BERLIN**

DIE STADT NASCHT

WIR BEDANKEN UNS

bei den Berliner Pâtissiers, Konditoren, Sommeliers und Chocolatiers, die uns mit Geduld, Humor und Einfallsreichtum bei diesem Projekt begleitet haben. Insbesondere gilt unser Dank Dr. Stefan Elfenbein, Pamela Dorsch, Anne Seubert, Johannes Paetzold und Martin Hesse - den Botschaftern des süßen Berlins. Danke auch dem rbb, dem historischen Hafen Berlin, Tim Wittenbecher, dem Theater des Westens, Frans Dikmans, dem Admiralspalast, den Goerz-Höfen, Sabine de Kok und dem Atelier Borgelt + Jost für die Erlaubnis, bei ihnen fotografieren zu können.

AUTORIN Cathrin Brandes
KONZEPT Florian Bolk
LEKTORAT Mareike Frühbis, Astrid Kaspar
COVERMODELS Federica Fadel, Alfredo Sironi
FOTOGRAFIE Florian Bolk
BILDBEARBEITUNG André Wagenzik
REDAKTION Cathrin Brandes (www.tidbits.de), Florian Bolk, Astrid Kaspar

PRODUKTION Vimonda Berlin
TITELFOTO Florian Bolk
ART DIRECTION / TITEL Lena Daetz

DRUCK Druckhaus Köthen GmbH
VERTRIEB BUCHHANDEL Umschau Verlag

IMPRESSUM Sweet Berlin – Die Stadt nascht von Florian Bolk & Cathrin Brandes

DIE AUTOREN

UNSERE IDEE

Berlins Dolce Vita

Nach den beiden Bänden von Berlin „Die Stadt kocht", hat sich ein neues Buch mit dem Titel „Sweet Berlin – Die Stadt nascht" geradezu aufgedrängt. Wir widmen es allen Schleckermäulern, Naschkatzen und Süßschnäbeln, die in Berlins süße Welten genussvoll abtauchen möchten.
Vier großartige Botschafter des Schlaraffenlandes haben je ein Kapitel von „Sweet Berlin – Die Stadt nascht" persönlich kuratiert. Pamela Dorsch, die Gründerin des Naschmarkts, Anne Seubert, aka die Kekstesterin, der Radiomoderator Johannes Paetzold und der Süßkramdealer Martin Hesse verzuckerten uns mit ihrer Kenntnis der süßen Szene Berlins die Arbeit am Buch. Wie mit einer roten Kirsche haben Sommeliers und Weinhändler der Stadt jedes Kapitel mit einer Auswahl bester Süß- und Schaumweine garniert. Wir haben mit allen genascht und gelacht, wir haben fotografiert und probiert und wir können bestätigen: Die süße Szene in Berlin lebt, pulsiert, boomt und ist unfassbar köstlich.

DAS **INTRO**

DIE **NASCHWERKER**

DIE **INDIVIDUALISTEN**

KULINARISCHE **STATEMENTS**

LA **POP CUISINE**

DER**INHALT**

SWEET BERLIN - DIE STADT NASCHT

DIE **DEALER**

STEFAN **ELFENBEIN**

MEISTERKOCHJUROR

BERLIN - Süßer denn je

Schlecken, lutschen, träumen, kauen, Macarons, Baiser, Makrönchen rund um Zoo und Alex, Törtchen, Tartes, Esclairs am Görli und am Kotti und natürlich in Neukölln. Und oops, da rutscht Orange-Ingwer aus der Waffel, Kokos-Mandel-Mousse klebt an den Fingern! Aber egal! Süß tut gut. Berlin tut gut, Süßes in Berlin tut doppelt gut. Ja, und so war's eigentlich schon immer. Schon im Mittelalter-Stadtschloss versüßten Apotheker, Alchemisten bittere Medizin mit Honig und Kandiertem. Die Hugenotten brachten Windbeutel, Croissants. Friedrich der Große liebte dunkelstrote Kirschen. Ein Möchtegern-Kanonier soll dann den „Berliner", den Pfannkuchen in Kugelform, erfunden haben. Und in den Society-Salons zu Zeiten der Humboldts, Schinkels, schlürften Mesdames et Messieurs heiße Schokolade mit Sahnehäubchen und Likörchen drin. Ja, und seit der Kaiserzeit machen Pralinés, Borkenschokolade von „Sawade" und „Erich Hamann" glücklich. Später gab's neben Currywurst auch Rote Grütze, Zimtreis, US-Milchshakes. Cynthia Barcomi brachte Cookies, Muffins, Brownies vom Hudson an die Spree. So richtig los ging's mit der süßen Revolution dann aber vor ein paar Jahren, mit dem Run der jungen Kreativen, der Foodies, auf die Hauptstadt. New York, Paris, London, Hamburg, München, Tokio – wer braucht das schon! Freiräume, noch günstigere Mieten, die Lust auf Eigenes, auf wahre Selbstverwirklichung, haben – wir haben's ja auch schon gelesen – Menschen von überallher angespült. Frische, freche Restaurants, Streetfood, bunte Märkte sind entstanden, aber eben auch ganz viel Süßes, Einzigartiges; Cafés, Geschäfte, Konditoreien mit viel Bio, auch Veganes und Rezepte, die's eben halt nur hier gibt, aus der Berlin-Melange heraus geboren. Wir wär's also mit Paleo-Kürbiskuchen, Bacon-Erdnussbutter-Keksen, süß-vanilligen Tomatenriegeln, einem Dinkel-Whoopie-Pie oder Zimteis-Sandwich? Ja, und auch die hohe Pâtisserie-Kunst blüht. Pâtissièren, Pâtissiers verlassen ihre großen Ställe. Anna Plagens im „Du Bonheur" etwa hat Großmeisterliches von Pierre Hermé in den Prenzlberg gebracht. Andere werden selbstbewusster. Thomas Yoshida, Chef-Pâtissier im Restaurant „Facil", steht sogar namentlich auf der Speisekarte – gleich neben dem Namen des stolzen und wohlbekannten Küchenchefs. Das gibt's weltweit sonst kaum! Also bitte einfach weiter lecken, kleckern, schlecken, quer durch Berlin, mit Lust; Genuss und Leidenschaft und dem guten Gefühl, dass es kaum irgendwo besser geht. Und wie herrlich, dass uns Cathrin Brandes und Florian Bolk auf den nachfolgenden Seiten zeigen, wie und wo es am besten schmeckt. Eine tolle Leistung. Süßes Berlin at its allerbest!

Der hölzerne Fleischklopfer kommt regelmäßig bei den Sitzungen der "Jury Berliner Meisterköche" zum Einsatz.

DIE NASCHWERKER

PAMELA DORSCH

Als Initiatorin des berühmten Naschmarkts in der Markthalle Neun hat Pamela Dorsch das bestimmt süßeste Kapitel der Stadtgeschichte Berlins geschrieben. Auf den folgenden Schokoladenseiten unseres Buches präsentiert sie ihr eigenes Rezept zum Glücklichsein: handwerklich hergestellte Süßigkeiten aus besten Zutaten.

PAMELA DORSCH ist die visionärste und großzügigste Naschkatze Berlins. Während andere Naschkatzen vom Schlaraffenland nur träumen, hat sie ihren Traum wahr gemacht und lässt obendrein ganz Berlin daran teilhaben. Ihre Vision von einem Naschmarkt der seines Namens würdig ist, hat nicht nur die Markthalle Neun als das Mekka der bekennenden Süßschnäbel etabliert, sondern auch der süßen Szene der Stadt einen neuen Impetus verliehen. Die Kunde vom neuen Markt für die Chocolatiers, Pâtissiers, Bäcker und Süßwarenproduzenten Berlins hat sich seit seiner Gründung im Jahre 2011 weit über die Stadtgrenzen hinaus verbreitet. Angezogen von einem verlockenden Duft streichen Naschkatzen aus aller Welt schnurrend um die Marktstände und erfreuen sich an immer wechselnden, immer sensationell guten Angeboten von Kuchen, Torten, Schokolade, Cake Pops, Macarons, Konfitüren, Eiscreme, Tartes, Keksen, Cup Cakes, Petit Fours, Pralinen, Honig. Und wenn es einen Orden für die Verdienste am Naschkatzentum gäbe, Pamela Dorsch würde ihn sofort bekommen!

PAMELA DORSCH

SCHWARZWÄLDER
KIRSCHTORTE Á LA CARLA

SCHOKOBISQUIT

8	Bio-Eier
250G	Zucker
150G	Mehl
50G	Speisestärke
50G	Kakaopulver
30G	Butter, zerlassen

KIRSCHSIRUP

100G	Zucker
100G	Wasser
25 ML	Kirschwasser

KIRSCHFÜLLUNG

400G	Sauerkirschen (Glas, abgetropft)
180G	Sauerkirschsaft
20G	Zucker
1TL	Agar Agar

SAHNE UND GARNITUR

800G	Schlagsahne
40G	Puderzucker
1	Vanilleschote, Mark
	feine Schokolade oder Schokoraspeln
12-16	Sauerkirschen oder Amarenakirschen

SCHOKOBISQUIT ≈ Den Tortenring mit Butter fetten und leicht mit Mehl bestäuben. Auf Backpapier stellen, das Backpapier so falten und in sich verdrehen, dass es den Tortenring umgibt. Die Eier in der Schüssel der Standküchenmaschine mit dem Zucker verquirlen, anschließend über einen Topf mit siedendem Wasser stellen und mit dem Schneebesen aufschlagen, bis sie hell, schaumig und warm (35-40°C) ist. Die Masse dann mit der Küchenmaschine (Schneebesenelement) weiter aufschlagen, bis sie abgekühlt ist. Dabei wird sie heller und schaumiger, sodass sie in dickem Band vom Schneebesen läuft und für einige Zeit ihr eigenes Gewicht halten kann. Inzwischen die trockenen Zutaten zusammen in eine Schüssel sieben und dann in drei Etappen mit dem Teigschaber unter die schaumige Masse heben. Abschließend die zerlassene Butter unterziehen. Die Masse in den vorbereiteten Tortenring füllen und im vorgeheizten Ofen etwa 40 Min. bei 180°C Ober-/Unterhitze oder 160°C Umluft backen. Der Biskuit ist fertig, wenn die Oberfläche nicht mehr klebrig ist, aber noch zurückfedert, wenn man sanft darauf drückt. Vollständig auskühlen lassen.

KIRSCHSIRUP ≈ Zucker und Wasser in einem kleinen Topf köcheln lassen, bis sich der Zucker vollständig aufgelöst hat. Abkühlen lassen, dann das Kirschwasser untermischen.

KIRSCHFÜLLUNG ≈ Agar Agar und Zucker mit dem Schneebesen unter den Kirschsaft rühren, unter Rühren aufkochen und etwa 2 Min. köcheln lassen. Die Kirschen untermischen und noch etwa 1 Min. köcheln lassen. Vom Herd nehmen und vollständig abkühlen lassen.

SAHNEFÜLLUNG UND GARNITUR ≈ Den abgekühlten Biskuitboden in drei gleichmäßig große Böden schneiden und diese mit dem Kirschsirup tränken.
Die Schlagsahne mit Zucker und Vanillemark steif schlagen. Etwa 1/8 der Sahne in einen mit Sterntülle ausgestatteten Spritzbeutel füllen und bis zum Garnieren im Kühlschrank aufbewahren. Die Kirschfüllung gleichmäßig auf dem unteren Biskuitboden verteilen. Einen zweiten Boden darauf setzen und darauf eine dünne Schicht der geschlagenen Sahne verstreichen. Den dritten Boden darauf setzen und die Torte rundherum gleichmäßig mit Sahne überziehen. Die Torte nach Belieben mit Sahne aus dem Spritzbeutel, Schokolade und Kirschen garnieren.

CONNY SUHR. Den Status einer Prinzessin hat sie eigentlich längst hinter sich gelassen. Conny Suhr und ihr Konditorinnen-Team sind die unbestrittenen Königinnen der Käsekuchen in der Stadt. Ihre verführerischen Cheesecakes, Petit Fours und andere üppige Kreationen gibt es sowohl in ihrem höchst eleganten Laden in Mitte als auch auf dem Naschmarkt und beim Street Food Thursday in der Markthalle Neun. Die Geschäftsidee von Conny Suhr stammt aus den USA. Die Inhaberin einer PR-Agentur und Enkelin eines Bäcker- und Konditormeisters brachte den Traum vom perfekten Käsekuchen vor Jahren schon von einem USA-Aufenthalt mit und die Berliner sind ihr dankbar, dass sie ihn sich endlich erfüllt hat. In der Backstube von Princess Cheesecake entstehen wöchentlich neue Kreationen, mal sind das Pancakes für die Frühstückskarte, mal Baiser-Tartes mit saisonalen Obstfüllungen und mal eine neue Cheesecake-Idee. Inspirationen holt sich das Team um Conny Suhr auf Reisen und beim Besuch von Patissier-Kollegen in aller Welt. Gibt es ein Erfolgsrezept? Neben Inspiration und Geschmack zählen bei Princess Cheesecake die Liebe zum Handwerk und die Verarbeitung bester Zutaten. Außerdem ist sie fest davon überzeugt: Einem guten Cheesecake kann einfach keiner widerstehen!

PRINCESS CHEESECAKE

PRINCESS CHEESECAKE
Berlin
vely day
Make everyd

LEA MOSER
Konditormeisterin

PASCAL SCHÄFER
Auszubildender

ALICE PANOZZO
Konditorin

EARL-GREY-

SCHOKO-MOUSSE-TÖRTCHEN

MIT QUITTEN-KERN

1 Tortenring: 24 cm
o. 8 Tortenringe: 10 cm

1	große o. 2 kleine Quitten
1	dunkler Bisquitboden
200G	Schlagsahne & etwas mehr zum Auffüllen
50G	Milch
15G	Earl Grey Tee
7	Blatt Gelatine: eingeweicht in kaltem Wasser
210G	dunkle Kuvertüre, fein gehackt
170G	Vollmilch-Kuvertüre, fein gehackt
90G	Eigelb (ca. 4 Stück)
70G	Zucker
250G	Schlagsahne (33% Fett), geschlagen

ZUBEREITUNG ≈ Die Quitte(n) schälen, entkernen und in Wasser mit etwas Zucker weich kochen. Dann in kleine Würfel schneiden. Die Sahne und die Milch aufkochen und den Earl Grey Tee darin ca. 10 Minuten ziehen lassen.
Die Tee-Sahne durch ein Sieb gießen, den Tee abseihen und wieder mit Sahne auf 250g auffüllen. Die Tee-Sahne erneut aufkochen, ausgedrückte Gelatine darin auflösen, alles über die Schokolade gießen und kurz stehen lassen. Alles zusammen nun zu einer Schokoladensahne verrühren. Die Masse gegebenenfalls noch einmal über einem Wasserbad erwärmen, falls die Kuvertüre noch nicht völlig geschmolzen ist. Nun etwas abkühlen lassen, sodass die Masse Körpertemperatur hat.

Das Eigelb mit dem Zucker über einem Wasserbad warm aufschlagen und dann mit einem Mixer bis auf Körpertemperatur kalt ausschlagen. Die Ei-Masse vorsichtig unter die Schokoladen-Sahne rühren und, wenn die Masse sich an der Hand nicht mehr warm anfühlt, die geschlagene Sahne unterheben.

Den Boden des Tortenrings mit einem dunklen Bisquitboden auslegen, Tee-Mousse zur Hälfte einfüllen, Quittenwürfel einstreuen, den Ring bis oben mit der Mousse auffüllen und über Nacht kalt stellen.

HAFERFLOCKEN-
KÄSETORTE
MIT ORANGEN

1 Springform 26 cm

BODEN

150G	weiche Butter
150G	Zucker
3	Eier
1	Prise Salz
1 PÄCK.	Bourbonvanille
½	Bio-Zitrone, Abrieb
200G	Haferflocken, zart
125G	Bio-Haferflockenkekse, gemahlen
25G	Mehl
½ PÄCK.	Backpulver

FÜLLUNG

2	Bio-Orangen
100ML	Wasser
150G	Zucker
200G	weiße Kuvertüre
400G	Frischkäse
400G	geschlagene Sahne

BODEN ≈ Butter, Zucker und Gewürze cremig rühren. Nach und nach die Eier zugeben. Haferflocken, gemahlene Kekse, Mehl und Backpulver mischen und in die Masse einrühren. In die Springform füllen. Bei 170°C ca. 30 Minuten backen. Raus nehmen, sobald goldbraun und auf Druck elastisch … der Boden sollte nicht zu lange backen, sonst wird er zu keksartig … außer man mag's so.

FÜLLUNG ≈ Bio-Orangen abreiben, dann filetieren. Wasser und Zucker aufkochen. Die Filets darin ca. 3 Minuten köcheln lassen. Raus nehmen und abkühlen lassen. (Orangen-Sirup anderweitig verwenden, z.B. in Wasser oder Sekt.)
Weiße Kuvertüre im Wasserbad auflösen. Frischkäse und geriebene Orangenschale glattrühren, die lauwarme Kuvertüre unterrühren, die geschlagene Sahne und die Filets unterheben. Masse auf den abgekühlten Boden streichen. Im Kühlschrank mind. 5 Stunden kalt stellen.

Als Dekoration verwende ich Orangenkonfitüre, die ich glatt rühre und als Spirale mithilfe eines Spritzbeutels (Gefrierbeutel geht auch) auf die Torte gebe. Hat jemand ein eigenes, fleißiges Orangenbäumchen zuhause, so wie ich, kann man auch damit eine nette Deko zaubern.

ANNETTE ZELLER ist in der Markthalle Neun eine Händlerin der ersten Stunde. Wenn es sie dort nicht gäbe, müsste man sie erfinden. Ihre wunderbar klassischen Torten, Kuchen und Kekse gehören quasi zum Inventar und haben mittlerweile Fans in aller Welt. Am liebsten mag sie selbst ihre Wolkentorte. Oder doch den Pflaumenkuchen? Den schweren Hefe-Butterteig kann man so schön klatschen, sagt Annette Zeller und lacht. Auch die Haferflocken-Käsetorte mit Orangen gehört zu den Stars an ihrem Stand.

Die gelernte Bäckermeisterin hat nach einer nicht ganz freiwilligen Pause ihre Liebe zum Backen neu entdeckt. Eigentlich ganz romantisch über eine Zeitungsanzeige. Die Markthalle Neun wollte mit einem frischen Konzept durchstarten und hat Händler mit Herzblut für den Wochenmarkt am Wochenende gesucht. Und Herzblut, das hat die Frau Zeller!

TORTENMANUFAKTUR

FRAU ZELLER

IL PANE

DI MILANO

Backen, sagt **ALFREDO SIRONI,** das hat etwas mit Leidenschaft zu tun und gutes Brot braucht viel Zeit. In seiner gläsernen Backstube in der Markthalle Neun bringt er beides für jedermann gut sichtbar ein. Hier entstehen Backwaren aus Leidenschaft und mit Zeit. Eine große Auswahl ist ihm nicht wichtig. Wichtig sind ihm Geschmack und Qualität. Seine Sauerteigbrote aus Hartweizenmehl bestätigen seine Philosophie. Oder sind es die Schlangen vor seiner Bäckerei? Auf der Suche nach einem süßen Gebäck für sein kleines, feines Angebot hat er sich für einen Klassiker aus den Marken entschieden. Die Maritozzi. Lockerer duftiger Hefeteig, Rosinen und ein Zuckerüberzug machen sie zum idealen Kaffee-Begleiter, egal um welche Uhrzeit.

Der gebürtige Lombarde Alfredo Sironi ist nicht auf dem direktesten Weg Bäcker geworden. Ein leicht in die Länge gezogenes Geschichtsstudium und der Umzug nach Berlin brachten Zeit zum Nachdenken. Als die Markthalle Neun eröffnete und es keinen Bäcker gab, dachte er nicht mehr weiter nach. Er fuhr nach Hause und brachte Maschinen, Know How und Hartweizenmehl wieder mit zurück und fing an zu backen.

MARITOZZI

15 Stück

70G Milch
35G Hefe
20G Honig
500G Mehl (Typ 550)
200G Eier (ca. 3)

150G Butter
10G Salz
110G Zucker
130G Rosinen
Orangeat/Zitronat oder Abrieb einer Bio-Orange

ZUBEREITUNG ≈ Die Milch auf 40°C erwärmen und die Hefe darin ca. 5 Min. in einer Schüssel Milch-Hefe, Honig, Mehl und Eier 10 Min. kneten, dann Zitronat oder Orangenabrieb hinzugeben und weiter kneten. Butter leicht erwärmen, mit dem Salz mischen und zusammen mit dem Zucker in drei Schritten zur Masse geben – erst wenn der Teig wieder glatt ist, mehr Zucker und Butter dazugeben. Nach insgesamt 20 Min. sollte der Teig glatt und fertig sein. Als letztes die Rosinen unterkneten.

Den Teig zugedeckt bei Zimmertemperatur (ca. 24°C) für 90 Min. ruhen lassen. Danach aus dem Teig einen großen Ball formen und wiederum 30 Min. zugedeckt auf der Arbeitsplatte ruhen lassen. Den Teig zu 15 Bällchen á 80-90g portionieren und erneut 30 Min. ruhen lassen. Die Bällchen nun zu kleinen Rollen formen, auf ein Backblech legen (5 Reihen á 3 Rollen) und für ca. 2 bis 3 Stunden aufgehen lassen.

OFEN ≈ Bevor die Maritozzi in den Ofen kommen: einen Topf mit 250g Zucker und 40g Wasser in den Ofen schieben bis der Zucker flüssig ist und ein paar Minuten köcheln lassen. Die aufgegangenen Maritozzi dann im Ofen für ca. 25-30 Minuten bei 180/190°C backen. Wenn die Maritozzi leicht braun sind (nach ca. 15-20 Min.) das Blech herausnehmen, die Maritozzi mit dem flüssigen Zucker bepinseln und schnell wieder in den Ofen geben. Der Zucker wird wunderschön auf den Maritozzi karamellisieren.

APPLE
CRUMBLE

STREUSEL

200G	Mehl
100G	Zucker
100G	Pflanzenmargarine
1	Prise Salz
4 PÄCK.	Vanillezucker
	etwas Zimt
4	Elster Äpfel

DULCE DE LECHE

100G	Butter
300G	Zucker
200G	Sahne
300 ML	Milch, 3,8%

APFELEISTEE

100 ML	Tee: Darjeeling first flush
200 ML	naturtrüber Apfelsaft
100 ML	Wasser
3	Eiswürfel
	frische Minze
¼	frische Zitrone

STREUSEL ≈ Ein Rezept von Endorphina Backkunst: Alle Zutaten miteinander vermengen. Die Streusel auf einem Blech verteilen und im Ofen golden backen.

ÄPFEL ≈ Äpfel schälen, entkernen und in Stücke schneiden. Anschließend in einem Topf mit etwas Wasser dünsten. Einen Esslöffel (oder nach belieben) Dulce de leche unterrühren. Die gekochten Apfelstücke in eine Schale geben, darüber die gebackenen Streusel, einen Teelöffel warme Dulce de leche und noch warm mit etwas Bourbon Vanilleeis (Rosa Canina) und/oder Sahne und einem Minzblatt servieren. Guten Appetit!

DULCE DE LECHE ≈ Butter in einem Topf erhitzen, Zucker zugeben und leicht karamellisieren. Anschließend Sahne, dann Milch hinzugeben und unter ständigem Rühren ca. 1 ½ Stunden kochen. Abschließend in ein Gas mit Deckel umfüllen, fertig ist das Milchkaramell.
Auch erhältlich bei Bock & Gardner, Peter Burkhardt: Milchkaramell

Die Liebe zu Äpfeln hat **MAREN WEISE** ihrer Mutter zu verdanken. Die hat nämlich ihrer im Herbst geborenen Tochter zum Geburtstag jedes Jahr einen Apfelkuchen gebacken.
Bald buk Maren Weise ihre eigenen süßen Apfelkreationen. Mehr Apfel, weniger Teig war schon immer ihre Devise. Als die gelernte Hotelkauffrau auf einem schottischen Kreuzfahrtschiff anheuert, trifft sie zum ersten Mal auf Apple Crumble. Das war der Beginn einer kulinarischen Liebe. Zurück in Berlin spielte ihr das Schicksal das Apple-Peeler Rad, ein zu einem kleinen Verkaufsstand umgebautes Lastenrad, in die Hände. Apfel on tour nennt sie ihr mobiles Konzept, bei dem sich alles um regionale Äpfel dreht: Je nach Saison gibt es hausgemachten Apfel-Punch oder Apfel-Ingwer-Limonade und dazu natürlich ihren geliebten Apple Crumble mit Vanilleeis.

MAREN WEISE

APFEL ON TOUR

STEFAN KELS war mal Architekt. Jetzt ist er der Erfinder der tigertörtchen, diesen unwiderstehlichen Cupcakes, welche moderne Geschmackskombinationen mit handwerklicher Kunst kombinieren. Durch ihre spezielle Größe und ihr elegantens Design erinnern sie schon fast an Petit fours. Stefan Kels und sein kreatives Team produzieren täglich frisch in der Backstube im Nikolaiviertel, also im historischen Herzen von Berlin. Im dazugehörigen Café kann man dann den beliebten Klassiker Black Tiger mit Madagaskar Vanille und bestem Kakao und immer wieder neue aufregende Sorten genießen. Die heißen dann Champagne-Explosion, Spree-Welle oder veganer Pineapple Power. Und wer selber mal lecker backen will, kann in den Cupcake oder Cake-Pop Kursen von Stefan Kels lernen, wie man ein tigertörtchenbäcker wird.

STEFAN KELS

TIGERTÖRTCHEN

CAMPARI-ORANGE
CUPTAIL

24 Mini Cupcakes

CUPCAKES

50G	Butter, zimmerwarm
70G	Zucker
1	Ei
70G	Weizenmehl
25G	gemahlene Mandeln
1 TL	Backpulver
1	Orange, abgerieben
120 ML	Orangensaft

ZUBEREITUNG ≈ Die weiche, zimmerwarme Butter und den Zucker in eine Rührschüssel abwiegen und zusammen aufschlagen bis beides miteinander verbunden ist. Das Ei aufschlagen, zur Butter-Zucker-Masse geben und auf hoher Stufe schaumig schlagen. Es soll eine homogene Masse entstehen. Das Mehl mit den gemahlenen Mandeln, dem Backpulver und den abgeriebenen Orangen vermischen. Unter langsamem Rühren abwechselnd die Mehlmischung und den Orangensaft untermischen, bis alle Zutaten miteinander verbunden sind.

Ein Mini-Cupcake-Blech mit 24 Papierförmchen auslegen und die Masse am Besten mit einem Spritzbeutel etwa ¾ hoch in die Förmchen füllen. Den Ofen auf 170°C vorheizen und die Cupcakes 12-15 Minuten backen. Die Cupcakes abkühlen lassen und aus der Form holen.

SCHOKOCREME

100G	weiße Schokolade
65G	Sahne
90G	Butter, zimmerwarm
½	Orange, abgerieben
10 ML	Orangensaft
200G	Puderzucker

INFUSION

24	Pipetten
10-15 ML	Campari

WEISSE SCHOKOLADENCREME ≈ Die Sahne mit der weißen Schokolade erwärmen und umrühren bis die weiße Schokolade geschmolzen ist. Die Mischung leicht abkühlen lassen und zusammen mit den restlichen Zutaten in eine Rührschüssel geben. Die Masse auf hoher Stufe schaumig schlagen. Die Creme in einen Spritzbeutel mit einer mittelgroßen Lochtülle geben. In 3 Umdrehungen die Creme auf die Cupcakes dekorieren.

INFUSION ≈ Den Campari in ein kleines Gefäß geben. Die Pipetten am Ende zusammendrücken, in den Campari tauchen und durch loslassen die Pipette mit Campari aufziehen. Die gefüllten Pipetten seitlich im 45° Winkel in die Creme stecken.
Vor dem Verzehr 3-4 mal auf die Pipette drücken und den Cupcake tränken.....genießen! Sollten keine Pipetten vorhanden sein, kann der Campari alternativ auch mit unter die weiße Schokoladencreme gemischt werden.

Manchmal muss man die Dinge einfach selber in die Hand nehmen. Was tun, wenn man eine heimliche Passion für Schokoriegel hat, aber keine findet, die den eigenen Ansprüchen genügen? Richtig! Man fängt eben an, sie selber zu machen. Auf der Suche nach ihrem eigenen Stil, haben die beiden viele Rezepte aus aller Herren Länder ausprobiert. Nachdem die süßen Duftwolken von Vanille durch den Hinterhof zogen, wurden Freunde zum Candylight-Dinner eingeladen. Die Begeisterung über die wahrhaft guten Schokoriegel war groß. Eine süße Geschäftsidee war geboren! Tatsächlich beglücken **ULRIKE** und **RETO** seit ungefähr einem Jahr die Berliner mit ihren handwerklich hergestellten Riegeln aus ihrer Kreuzberger Produktionsküche. Derzeit findet man ihr vielfältiges Sortiment in der Markthalle Neun. Torrone Berlino, Mango Chai Sticks, Chili Passion und Farmer Schnitte. Hinter den klangvollen Namen verbergen sich immer geschmackvolle Süßigkeiten aus besten Zutaten!

RETO & ULRIKE

RETO´S CANDY FARM

SCHOKO
HASELNUSSRIEGEL

100G	Schokolade, mind. 80%
330G	Zucker
60G	Butter
340G	Kondensmilch
200G	Sahne
300G	Maissirup
500G	Haselnüsse
5G	Salz

ZUBEREITUNG ≈ Sahne und Kondensmilch erwärmen bis 40°C erreicht sind, dann Schokolade und Butter darin schmelzen und den Zucker dazugeben. Die Mixtur ohne Rühren zum Kochen bringen und den Maissirup einrühren. bei mittlerer Flamme weiterkochen lassen und gelegentlich umrühren, um ein Überkochen zu verhindern. Hasselnüsse bei 180°C rösten.
Sobald die Masse eindickt, wird die Temparatur mit dem Zuckerthermometer überprüft. Bei 117°C den Sirup von der Flamme nehmen, die warmen gerösteten Nüsse und das Salz unterrühren und in eine etwa 20 x 30 cm große, mit Backpapier ausgelegte Form gießen. Nach dem Erkalten in Stücke schneiden und mit Schokolade überziehen.

Sie sind weich, fluffig, schaumig, locker und zart. Und natürlich süß. Aber nicht zu sehr. So wie **STACEY HORN** Marshmallows macht, sind sie perfekt. Mit Liebe und mit Bio-Zutaten. Natürlich von Hand. Die gebürtige Amerikanerin ist der Liebe wegen nach Berlin gezogen und hat hier die Süßigkeiten ihrer Kindheit vermisst. Angefangen hat sie damit Brownies zu Backen, aber der richtige Erfolg stellte sich mit Marshmallows ein. Kein Wunder denn in ihrer Küche sind künstliche Farben und Aromen tabu. Ihre fruchtigen oder schokoladigen Zuckerschäumchen aromatisiert Stacey Horn mit frischen Früchten, mit Kaffee, Vanille und Kakao. Wahrlich ein Traum aus Schaum.

STACEY HORN

GOT DESSERT?

CHOCOLATE

MARSHMALLOWS

100G	Maisstärke
100G	Kakaopulver
600G	Rohrzucker
300G	Agavendicksaft
180 ML	Wasser
1	Prise Salz
180 ML	kaltes Wasser
36G	Bio Gelatine, gemahlen
4 EL	kochendes Wasser
36G	Kakaopulver

ZUBEREITUNG ≈ Ein Backblech/Auflaufform (ca. 28 cm x 40 cm) einfetten, mit Backpapier auslegen und nochmals fetten. Die Maisstärke und Kakaopulver vermischen und in die Backform streuen – etwas davon für später aufheben.
Rohrzucker, Agavendicksaft, Wasser und Salz in einen großen Topf geben, vorsichtig umrühren und zudecken. Auf hoher Flamme erhitzen und aufkochen. Danach unter Verwendung eines Zuckerthermometers solange ohne umrühren kochen bis eine Temperatur von 115°C erreicht ist. Sofort den Topf vom Herd nehmen und kurz abkühlen lassen.
Kaltes Wasser in die Schüssel eines Standmixers geben und die Gelatine zugeben.Mit dem Mixer auf der ersten Stufe die Gelatine mischen und dann langsam den Zuckersirup in einem dünnen Strahl eingießen. Eine Küchenuhr auf 7 Minuten stellen. Langsam die Geschwindigkeit erhöhen wenn der Sirup fester wird, bis auf die höchste Stufe.

Währenddessen kochendes Wasser mit 36g Kakaopulver gut verrühren und wenn die Küchenuhr klingelt, die Kakaomischung in den Mixer geben. Noch 2-3 Minuten mixen bis es ganz fest wird und dann in die vorbereite Backform eingießen.

Mindestens 4 Stunden ruhen lassen, dann rausheben und auf ein Schneidebrett legen. Die Oberfläche mit der Kakaopulver/Maisstärke-Mischung bestreuen, die Masse in Würfel schneiden und die Kanten ebenfalls bestäuben. Essen und genießen!
(Auch sehr lecker in heißem Kakao oder Kaffee)

ZIEGEN MILCH 66
BEAN-TO-BAR SCHOKOLADE
bRo MA
55 MANDEL NOUGAT
THEO
BEAN-TO-BAR SCHOKOLADE MIT 10 GANZEN HANDGESCHÄLTEN BELIZE-KAKAOBOHNEN
BELIZE 77
THEO
BEAN-TO-BAR SCHOKOLADE MIT 10 GANZEN HANDGESCHÄLTEN BELIZE-KAKAOBOHNEN
88 BALI
BEAN-TO-BAR SCHOKOLADE
bRo MA

Vom Musikjournalisten zum Pionier. Vom Kakaoboy zum Schokopleitier. Was blieb war der Rebell. Nun ist er zurück. **HOLGER IN'T VELD** plant sein Comeback als Kakao-Dealer im großen Stil. Die Tafelrunden sind vorbei. Die Zeit der Bohne ist gekommen. Sie stammt von dem Baum, den Carl von Linné Theobroma, d.h. „Götterspeise", genannt hat. Sie war den Völkern der Azteken und den Mayas über Jahrtausende heilig. Holger In't Veld handelt nur mit den besten Bohnen, handverlesen und kurz geröstet. Ihr komplexer Charakter wird auch bei der Weiterverarbeitung erhalten. Eine kleine extrem erlesene Auswahl an feinen Tafeln mit hochprozentigem Inhalt zeigt was er meint. Purer Kakao, pures Handwerk.

HOLGER IN´T VELD

THEOBRO.MA

ZIMT-PFLAUME-

PRALINE

150G Milchschokolade
35G Sahne
17G Glukosesirup
Zimtpulver
1 Schuss Pflaumenlikör
getrocknete Pflaumen
15G Butter

ZUBEREITUNG ≈ Milchschokolade im Wasserbad schmelzen lassen. Sahne mit Glukosesirup und Zimt erwärmen bis der Sirup sich aufgelöst hat, leicht abkühlen lassen und mit der Schokolade vermischen. Den Pflaumenlikör dazugeben und weiter rühren bis eine glatte Masse entstanden ist. Wenn die Masse auf 30°C abgekühlt ist, die Butter zugeben und rühren bis sich auch die Butter mit der Masse verbunden hat. Masse in einen Spritzbeutel geben. Abkühlen lassen und in Schokoladenformen füllen, mit Pflaumenstückchen garnieren. Festwerden lassen und genießen.

TIPPS ≈ Alle Zutaten sollten beim Mischen die gleiche Temperatur haben!
Den Likör kann man auch weglassen, dann aber den Sahneanteil erhöhen.

SANDRA STOPS

SINN FÜR DIE SINNE

SANDRA STOPS ist eine Schokoladenfee. Sinn für die Sinne steht für einen konsequent ganzheitlichen Schokoladen-Genuss. Wer von Schokolade nicht genug kriegen kann, ist bei ihr bestens aufgehoben, denn sie ist Verfechterin von inneren und äußeren Anwendungen des Glücksgefühle auslösenden Kakaos. Bei ihren Schokoladenverkostungen hat sie noch jeden davon überzeugt, wie gut und wichtig Schokolade für ein glückliches Leben ist. Besonders glücklich aber machen ihre Pralinen für die innere Anwendung. Mit Liebe, besten Zutaten und ungewöhnlichen Kräuterkombinationen fertigt sie ihre Pralinen mit Würze. Doppelter Sinn für die Sinne!

WOHLFARTH
SCHOKOLADE

Wenn **CHRISTOPH WOHLFARTH** eine Platte in seiner Chocolaterie auflegt, dann ertönt Trude Herrs unvergessener Schlager: „Ich will keine Schokolade…" Der Hit aus den Sechzigern ist trotz der anders lautenden Vorlieben der Sängerin ein Verkaufsschlager. Schließlich hat der Berliner Chocolatier Wohlfarth die Platte aus bester, fair gehandelter Schokolade gepresst. Überhaupt finden Freunde der Schokolade in der Manufaktur von Christoph Wohlfarth eine höchst erfreuliche Auswahl an essbarer Handwerkskunst. Abgesehen natürlich von den Tafeln sind seine Salamis und Salzstangen aus Schokolade sehr beliebt. Der gelernte Bäcker, Konditor und Chocolatier kann auf eine umfangreiche Schokoladenkarriere zurückblicken und hat sich 2011 mit seiner kleinen feinen Chocolaterie im Prenzlauer Berg selbständig gemacht. Auf dem Naschmarkt in der Markthalle Neun ist er ein ebenso regelmäßiger wie gern gesehener Gast.

ZIMTEIS
SANDWICH

12 Sandwiches

100G	Weizenmehl (Typ 405)
¾ TL	Natron
1 TL	Salz
½ TL	Zimt
½ TL	Muskatnuss
1G	Kardamom (weniger als ½ TL)
125G	Butter
1 EL	Zuckerrübensirup
150G	Zucker
½	Vanilleschote, Mark (oder 4g Vanillezucker)
1	Ei
250G	zarte Haferflocken
125G	Cranberries (o. a. Trockenfrüchte)
½ LITER	Zimteis

ZUBEREITUNG ≈ Mehl, Natron, Salz, Zimt Muskat und Kardamom miteinander vermengen und zur Seite stellen. In einer Schüssel Butter, Sirup, Zucker und Vanillezucker, bzw. das Mark der 1/4 Vanilleschote schaumig rühren, Ei hinzufügen. Nun die trockenen Zutaten dazugeben und solange mixen, bis ein glatter Teig entsteht. Am Schluss Haferflocken und Cranberries einarbeiten.Backofen auf 175°C vorheizen.
Aus dem Teig 24 Bälle formen und flachdrücken. Auf ein mit Backpapier ausgelegtes Blech legen (12 pro Blech), 10-12 Minuten backen (das Blech nach 5 Min. drehen) bis die Ränder braun werden. Die Cookies 5 Minuten ruhen lassen und dann auf einem Gitter auskühlen.

SANDWICH ≈ Einen Löffel Zimteis auf den Cookie geben, einen zweiten Cookie draufsetzen und zusammendrücken. Das Sandwich für mindestens 3 Stunden in den Tiefkühler geben.

TIPP ≈ Das beste Zimteis Berlins bekommt man bei der Gelateria Mos Eisley, vertrauen sie uns, wir haben es probiert. Trockenfrüchte sind optional, aber wenn sie kein Eiscreme-Sandwich machen, geben sie dem Cookie den richtigen Kick. Hochwertige Zutaten machen einen großen Unterschied, manchmal zahlt es sich aus, mehr zu zahlen. Vanillezucker ist ok, aber benutzen sie kein Vanillin wir wären beleidigt!

ZWEI DICKE BÄREN

CÉSAR COTTA UND CIERAN ROCKWELL. Ein Ice Cream Sandwich besteht aus einem Cookie, Ice Cream und noch einem Cookie. Das Rezept für diese schamlose Kombination von jedermanns Lieblings-Süßigkeiten haben César Cotta und Cieran Rockwell aus ihrer Heimatstadt New York mitgebracht. Die Cookies backen sie selbst nach ausgiebig getesteten amerikanischen Rezepten. Aus dem Profi-Ofen in ihrer Industrieküche in Schöneberg duftet es besonders oft nach Chocolate und Double Chocolate, Mandeln und Haferflocken, Pistazie und Zitrone. Das Eis dazu stammt von der Neuköllner Eisdiele Mos Eisley. Zur großen Freude aller Fans sind die Kombinationsmöglichkeiten schier endlos und die Zwei Dicken Bären erfinden immer wieder neue: Die Schokoladen-Cookies schmecken hervorragend mit Vanille, Karamell oder Erdnuss. Die Haferkekse und das Zimteis sind eine tolle Kombination. Die Zitronen-Cookies passen zu Blaubeereis und zu Erdbeereis. Mit ihrem Eis-Fahrrad fahren sie zu den Street-Food-Märkten dieser Stadt und erfreuen die Berliner Naschbären.

Frühling und Sommer

REICHSGRAF VON KESSELSTATT, MOSEL, PIESPORTER GOLDTRÖPFCHEN RIESLING SPÄTLESE 2001

Das Weingut Kesselstatt produziert ausschließlich Rieslinge und verfügt über ein breites Spektrum bester Lagen an Mosel, Saar und Ruwer. So zum Beispiel die Lage Piesporter Goldtröpfchen an der Mittelmosel, ein extrem steiler Weinberg, der genau nach Süden exponiert ist. Wir wollen hier zum Thema Dessertwein eine gereifte, restsüße Spätlese aus dieser Lage vorstellen. Der Wein duftet angenehm nach reifer Ananas und Akazienhonig mit einer Spur Kardamom. Er wirkt jugendlich frisch und hat durch das Spiel der Säure mit der fruchtigen Süße eine immense Spannung. Aufgrund des „moderaten" Zuckergehaltes von 56 g/l empfehlen wir fruchtige Desserts mit dezenter Süße, zum Beispiel Passionsfruchttörtchen.

Herbst

ANITA & HANS NITTNAUS, NEUSIEDLERSEE, TROCKENBEERENAUSLESE 2006

Regelmäßig gehören die Rotweine aus dem Hause Nittnaus zu den Besten Österreichs. Da sich die Region Neusiedlersee aber auch sehr gut zur Produktion von Süßweinen eignet, werden in besonderen Jahren auch Trockenbeerenauslesen erzeugt. Die Trockenbeerenauslese von 2006 aus Chardonnay & Pinot blanc ist bernsteinfarben und wunderbar ölig im Glas. Das Bouquet ist vielschichtig und wird von würzigen Noten bestimmt. Neben Orangenschale, Tannenhonig und Buttergebäck gibt es auch Anklänge von Zimt, Rosmarin und getrockneten Aprikosen. Im Gaumen beeindruckt der Wein durch seine engmaschige Dichte, seinen saftigen Schmelz und eine lebhafte Säure. Wir empfehlen den Wein als Begleiter von Apfeltarte oder nussigen Desserts.

Winter

PIERRE LAPLACE, MADIRAN, MAYDIE TANNAT VINTAGE 2011

Die Familie Laplace produziert hauptsächlich trockene, tanninstarke und langlebige Weine aus der lokalen Rebsorte Tannat. Das Spannende hierbei: Die Weine werden aus drei verschiedenen Terroirs gefertigt, die aufgrund ihrer Unterschiede in Sachen Höhenlage und Bodenbeschaffenheit, den Weinen eine große Komplexität verleihen. Neben den trockenen Roten wird allerdings auch ein Süßwein der etwas anderen Art gekeltert, der tiefdunkle „Maydie". Der Wein duftet nach eingekochten Kirschen, Pflaumenmus, Lakritz, Tabak und Kirschkernen. Er ist körperreich, hat kraftvolle Tannine und eine sehr würzige Süße. Wir empfehlen Maydie zu Desserts aus dunkler Schokolade, zum Beispiel zu einem Schokoküchlein mit flüssigem Kern. Und wir versprechen: alles wird gut.

WEINHANDLUNG
SUFF

CHRISTIAN SCHOBAU ist einer der klaren Köpfe, die hinter der Kreuzberger Weinhandlung Suff stecken. „Schöner trinken" heißt hier das Motto und in der Tat, wenn man den Laden mit den zwei großen Schaufenstern betritt, möchte man ganz schön trinken. Viel, vor allen Dingen. Das liegt an der sehr persönlichen, sehr individuellen Auswahl von sehr guten Weinen hauptsächlich aus Deutschland, Frankreich und Österreich. Wahrhaft selig machend ist auch das Angebot an süßeren und süßen Weinen, dass natürlich auf dem Naschmarkt besonders gefragt ist. Ein Wein zur Schokolade? Natürlich! Ein Gläschen zum Obstkuchen? Gerne! Ein gutes Tröpfchen zum Konfekt? Bitte schön! Und nicht vergessen: immer schöner trinken!

DIE **INDIVIDUALISTEN**

ANNE SEUBERT

Anne Seubert ist Kekstesterin. In der süßen Hauptstadtszene kennt sie sich deswegen aus wie wenige. Wir freuen uns einen Keks, dass sie uns im folgenden Kapitel ihre Lieblinge und Neuentdeckungen vorstellt. Alles Individualisten mit ganz eigenen Naschideen. Dabei muss nicht alles krümeln was süß ist, findet die Kekstesterin. Aber zum Dahinschmelzen muss es schon sein!

BÄRENKEKSE

90G	Butter, zimmerwarm
100G	brauner Zucker
1	Vanilleschote (Mark)
3 EL	Sojasahne
JE ½ TL	Anis, Muskat, Zimt, Kardamom
1	Prise Salz
1	Prise Pfeffer
1 TL	Zitronenschale, gerieben
1 TL	Rum
225G	Mehl
25G	Speisestärke
FINISH	Sojasahne & Pekannuss-Hälften

ZUBEREITUNG ≈ Butter und Zucker schaumig schlagen. Alle Zutaten bis auf Mehl und Speisestärke unterrühren und schließlich Mehl und Speisestärke untermengen. Der Teig wird fest und feucht. Am besten stellt man ihn für mindestens 1 Stunde kühl bevor man ihn weiterverarbeitet.

Backofen auf 180°C vorheizen. Den Teig ausrollen, Bären ausstechen und auf ein backpapierbelegtes Backblech setzen, mit Sojasahne bestreichen, eine halbe Pekannuss draufsetzen und die Arme um die Nuss andrücken. Schließlich mit der stumpfen Seite eines Zahnstochers Augen und Nasen andeuten (ruhig kräftig).

Für 8 Minuten bei 180°C backen, auskühlen lassen – gegebenenfalls die Augen und Nasenlöcher nochmal nacharbeiten. Und dann: freuen, verschenken und probieren!

DIE KEKSTESTERIN. Anne Seubert liebt alle Kekse. Nur klein und krümelig müssen sie sein. Auf ihrem Blog beschreibt sie seit 2009 Kekse, die die Welt verändern. Und auch mal solche, die es eben nicht tun. Schließlich ist sie die Testerin. Anne Seubert findet, dass wir mehr für unsere Kekskultur tun müssen. Wir essen Kekse hauptsächlich im Advent und nennen sie dann Plätzchen. Aber Kekse können viel mehr! Deswegen experimentiert die Kekstesterin hemmungslos am heimischen Backofen und überrascht ihre Leser mit Rezepten für Kekse mit Aprikosen und Salbei oder mit Matcha und Limonen. Sie ist die Erfinderin der P-Kekse mit Petersilie und Oliven und wenn ihr danach ist, philosophiert sie beim beherzten Biss in Mohnschnecken über Zen und Kunst des Hefeteigs. Kein Wunder, dass sie sich mittlerweile über die Keksszene hinaus einen Namen gemacht hat und in der Presse und im Fernsehen gerne zu Themen befragt wird, die auch jenseits vom Keks liegen.

ANNE SEUBERT

DILEK TOPKARA ist eine Zauberin. Ihre Hochzeitstorten sind so unwiderstehlich schön, dass man allein vom Anblick gänzlich verzaubert wird und sich nichts sehnlicher wünscht, als sofort zu heiraten. Ausserdem besitzt sie die außergewöhnliche Gabe Hochzeitspaaren tief in die Herzen zu schauen und jeden ihrer Wünsche wahr werden zu lassen. Zumindest die bezüglich der Hochzeitstorte. Zum Glück hat die studierte Lebensmitteltechnologin ein gutes Herz und eröffnet ein Pop-up Café im Wedding, in dem sie jeden Sonntag mit ihren feinen Backwaren alle Menschen auch ganz ohne Hochzeit verzaubern kann.

DILEK TOPKARA

DILEKEREI

MINI
VICTORIA SPONGE

	TEIG
3	Eier
100G	Butter
50 ML	Sonnenblumenöl
150G	Zucker
150G	Mehl
1 EL	Backpulver
½	Vanilleschote
	BUTTERCREME
100G	weiche Butter
100G	Puderzucker
½	Vanilleschote

frische Beeren zum Verzieren
beliebige Beerenmarmelade
Puderzucker zum Bestäuben

ZUBEREITUNG ≈ Alle Zutaten für den Teig miteinander vermengen und zu einem glatten Teig verrühren. Den Teig in die gewünschten & eingefetteten Förmchen füllen für ca. 15-20 Min. bei 175°C backen.

Die Küchlein abkühlen lassen und in zwei Hälften teilen, anschließend die untere Hälfte des Küchleins mit etwa 1 TL Marmelade bestreichen, beliebig mit Buttercreme bespritzen und mit frischen Beeren verzieren.

Zum krönenden Abschluss mit etwas Puderzucker bestäuben und fertig sind unsere Victoria Sponges. Enjoy!

DILEK TOPKARA ist nicht nur eine Zauberin sondern auch eine Künstlerin. Ihre himmlisch perfekten Torte werden zuerst von ihr gezeichnet und designt und dann in manchmal wochenlanger Handarbeit Blume für Blume, Kringel für Kringel, Stück für Stück gefertigt. Die Hochzeits- oder Geburtstagstorte ist dann wunderschön und ein ganz besonderes Meisterstück, denn schließlich hat Dilek Topkara in London und New York bei den besten Torten-Zauberern der Welt gelernt.

Manchmal geht's eben nicht schöner. Oder besser. Dass die beiden Zuckerstücke **LUCIE KRAUTIEN** und **ANDRÉ GÖBEL** in ihrem kleinen feinen Café für die Süßschnäbel Berlins nur das Beste im Angebot haben, hat sich schnell herumgesprochen. Im Jahre 2012 haben die beiden ihre Jobs in der Spitzengastronomie an den Nagel gehängt und servieren nun im Prenzlauer Berg sündhaft leckeren Kuchen, tolle saisonale Limonaden und ein abwechslungsreiches Frühstück. Aus ihrer Manufaktur kommt aber nicht nur Gebackenes in Form von Kuchen, Tartes und Petit Fours. Auch die einzigartigen Bowle- und Punschansätze werden liebevoll von Hand gemacht. Es sind eben zwei Zuckerstücke am Werk!

ZUCKERSTÜCK

LUCIE KRAUTIEN & ANDRÉ GÖBEL

DINKEL

WHOOPIE PIES

MIT MASCARPONECREME UND ZITRONE

6 Whoopie Pies

WHOOPIE BÖDEN

100G	Dinkel Vollkornmehl
60G	Zucker
1 PÄCK.	Vanillezucker
1	Prise Salz
5G	Backpulver
70G	Butter, Zimmertemperatur
2	Eier

ZITRONENCREME

1	Bio Zitrone, Abrieb
120 ML	Zitronensaft
150G	Butter
120G	Zucker
3	Eier

MASCARPONECREME

125G	Mascarpone
125 ML	Sahne
½	Zitrone, Saft
50G	Puderzucker

WHOOPIE BÖDEN ≈ Alle Zutaten in der Küchenmaschine aufschlagen bis der Teig hell und cremig ist. Backofen (Umluft) auf 170° Grad vorheizen. Mit Hilfe eines Spritzbeutels den Teig in 12 Kreise mit Abstand auf ein Backblech spritzen und ca. 10-12 Min. backen. Auf einem Kuchengitter auskühlen lassen.

ZITRONENCREME ≈ Alle Zutaten in einer Metallschüssel mit dem Schneebesen über dem Wasserbad aufschlagen bis die Creme eine dicke Konsistenz bekommt. Kalt stellen.

MASCARPONECREME ≈ Alle Zutaten mit dem Mixer cremig aufschlagen. In einen Spritzbeutel füllen und kalt stellen.

FERTIGSTELLUNG ≈ Auf die glatte Seite von 6 Whoopies die Mascarpone aufspritzen, in die Mitte einen Klecks Zitronencreme geben. Übrige Hälften mit der flachen Seite als Deckel daraufsetzen und mit Mascarponecreme, Zitronencreme und frischen Beeren garnieren.

SCHOKOLADENMOUSSE-TARTE
CAFÉ CHERIE
AUF ESPRESSO-KIRSCHEN

MÜRBETEIG

175G	Butter
90G	Zucker
1	Eigelb
250G	Mehl
15G	Kakao

FÜLLUNG

250G	Sauerkirschen
150 ML	Kirschsaft
1	Espressotasse sehr starken Espresso
60G	Zucker
45G	Puddingpulver, Vanille
100 ML	Kirschsaft für das Puddingpulver

MOUSSE

100G	Crème Fraîche
220G	Vollmilch Schokolade
150 ML	Sahne

MÜRBETEIG ≈ Aus den Zutaten einen Mürbeteig kneten, diesen in Folie gewickelt mindestens 1 Stunde im Kühlschrank ruhen lassen. Den Teig dann in einer gefetteten Springform (28cm) im Ofen bei 170°C ca. 20 Minuten blind vorbacken. Teig in der Form auskühlen lassen.

FÜLLUNG ≈ In der Zwischenzeit für die Espresso-Kirschen-Füllung die 250g Sauerkirschen in 150 ml Kirschsaft, dem Espresso und dem Zucker aufkochen, anschließend pürieren. Das Puddingpulver mit dem restlichen Kirschsaft anrühren und in das heiße Kirschpüree geben. Alles nochmals aufkochen lassen und nach kurzem Erkalten in der Teigform verteilen.

SCHOKOLADENMOUSSE ≈ Für die Schokoladenmousse die Crème Fraîche erhitzen bis sie flüssig wird und darin die Schokolade schmelzen. Die Schlagsahne aufschlagen und unter die abgekühlte Schokoladenmasse heben. Die Schokoladenmousse auf dem Kirschmus verteilen, die Tarte dann komplett erkalten lassen. Vor dem Servieren die Tarte mit Kirschen dekorieren und mit Espressopulver bestäuben.

BON APPETIT!

TIPP ≈ Je nach Belieben kann die Tarte mit einem Tortenguss aus Kirschsaft und Argartine überzogen werden. So wird die Schokoladenmousse vor dem Austrocknen geschützt.

DANIELA KIEFER & ANJA SYDOW. „Olivia mon amour!“, möchte man am liebsten beim Betreten von Daniela Kiefers Konditorei ausrufen und für immer bleiben. Es gibt auch überhaupt keinen Grund wieder zu gehen. Der kleine Laden, der neben den hausgebackenen Kuchen ein feines Sortiment an Schokoladen bereit hält, ist so charmant französisch eingerichtet, dass man sofort dahinschmelzen möchte. Spätestens beim Genuss von Tartes wie Himbeer-Mousse au Chocolat, Caramel-Kirsch oder Cassis-Trüffel ist es dann passiert; man ist in einer amour fou, in voll verrückter Liebe ausgerechnet zu einem Kuchenstück entbrannt. Wie konnte das passieren? Daniela Kiefer lächelt nur verschmitzt und will ihr Geheimnis eigentlich nicht verraten. Nach dem dritten Kuchenstück bekommt sie etwas Mitleid. Hinter vorgehaltener Hand flüstert sie: „Es ist die Liebe!“

TARTES & SCHOKOLADEN
OLIVIA

EIRINI STATHI & VANESSA MEYER. Den beiden Gründerinnen der kleinen Pâtisserie ist gesunde Ernährung sehr wichtig. Sie sind der festen Überzeugung, dass lecker und gesund sich in keinster Weise ausschliessen und haben Sheep & Monkey gegründet, um den Berlinern einen ganz neuen Genuss nahezubringen. Ohne jegliche industriell gefertigten Zutaten, ohne Mehl, ohne Zucker und ohne Milchprodukte. Dafür mit vielen Nüssen, Samen und Körnern, mit Honig, mit Ahornsirup, mit Kakao und mit viel Obst, Beeren und mit Gemüse. In ihrem Pop Up Laden in Neukölln und auf Märkten findet man ihr liebevoll gebackenes, sehr saisonales Angebot. Sheep and Monkey ist die süße Oase für Menschen mit alternativen Ernährungsstilen, für Allergiker und für alle neugiereigen Genießer der Hauptstadt.

ARTISAN PÂTISSERIE

SHEEP & MONKEY

PALEO

KÜRBISKUCHEN

1KG Kürbis
12 Eier
200G Honig
140G Kokosnussmehl
1 TL Backpulver
Mastiha
Safran

GLASUR
gleiche Mengen Honig und Kokosöl.
Kokosraspeln, gesalzen und geröstet

ZUBEREITUNG ≈ Den Ofen auf 180°C vorheizen. Kürbis waschen. Die Samen und das faserige Innere mit einem Löffel entfernen. Die Hälfte des Fruchtfleisches in dünne Scheiben schneiden, die andere Hälfte fein reiben und mit Safran sowie einem Esslöffel des Honigs mischen. Die Kürbisscheiben kreisförmig in einer mit Backpapier ausgelegten Springform verteilen und die Kürbismasse darüber geben. Dann die Springform in den Backofen stellen, so lange die Kuchenmischung zubereitet wird.

Erst die Eier schaumig schlagen, dann den Honig unterrühren. Den Mastiha mit ein wenig von dem Kokosmehl in einem Mörser vermengen. Langsam Mehl und Backpulver zur Eier-Honig-Mischung geben. Alles in die Form gießen und bei 170°C für 45-60 Minuten backen. Aus dem Backofen nehmen und in der Form auskühlen lassen.

GLASUR ≈ gleiche Mengen von Kokosöl und Honig vermischen. Den ausgekühlten Kuchen aus der Form stürzen und die Glasur darauf verteilen. Die Seiten mit den Kokosraspeln bestreuen und: genießen!

THÜRINGER

RÜHRKUCHEN

250G	Mehl
250G	Zucker
5-6	Eier
2 PÄCK.	Vanillezucker
1 STK.	Butter
1 PÄCK.	Backpulver
3-4 EL	Kaba oder Nesquik oder Nougatstückchen nach Bedarf

ZUBEREITUNG ≈ Zuerst die Butter erwärmen, bis sie flüssig ist. Mit einem Backpinsel eine Gugelhupfform mit zerlassener Butter ausstreichen, anschließend mit geriebenen Semmelbröseln ausschwenken. Alle Zutaten, bis auf das Backpulver, zusammen in eine Schüssel geben und mit einem Rührgerät so lange rühren bis der Teig glatt ist. Dann erst das Backpulver dazugeben und kurz in den Teig einrühren.

Einen Teil des Teiges (ca. die Hälfte) abnehmen und mit Kakaopulver verrühren. Nun den hellen und den dunklen Teig abwechselnd in die Backform geben.

VARIANTE ≈ für kleine Gugelhupfformen: Den hellen Teig in die Förmchen füllen und kleine Nougatstückchen hineindrücken. Den großen Kuchen ca. 60 Min. bei 180°C backen. Die kleinen Kuchen brauchen nur ca. 30 Min. Nach dem Backen den Kuchen zeitnah aus der Form holen, da er sich später schlecht stürzen lässt. Abkühlen lassen und mit Puderzucker bestreuen.

INES SCHWEIGHÖFER

EMMA EMMELIE

Wer bei **INES SCHWEIGHÖFER** in die gute Stube tritt, bleibt erst einmal verzaubert stehen. Weißes Geschirr stapelt sich in den Regalen, die antiken Sofas und Sessel laden zum Verweilen ein und sie selbst sieht auch aus wie aus einem Bilderbuch. Blonde Zöpfe und lange Unterhosen inklusive. Emma Emmelie heißt ihre Antikscheune vor den Toren von Berlin und wenn man dorthin einen Ausflug unternimmt, kann man sich nicht nur auf ihre ausgesuchten Antiquitäten freuen, die allesamt zum Verkauf stehen, sondern auch auf ihren handgemachten Kuchen. Der schmeckt nach guten Zutaten und nach Rezepten wie von Oma Emma. Am Besten schmeckt er bei schönem Wetter, wenn am Kanal die lange Tafel gedeckt ist und man beim Kaffeetrinken den Schwänen, Enten und Booten zuschauen kann.

Paz D'Alma heißt auf portugiesisch friedvolle Seele. So haben **ANA SANTOS** und **DANIEL SCHULZE** ihren Concept Store in Berlin Mitte genannt. In dem geschmackvollen Laden findet man das Beste aus Portugal, der Heimat von Ana: gutes Design und exquisite Feinkost. Olivenöl, Meersalz, Wein, Honig und Kaffee sind nicht nur schön verpackt, sondern auch von höchster Qualität. Der gute Kaffee wird auch direkt ausgeschenkt, entweder als Bica oder Galão und dazu gibt es süße Pasteis de Nata von Ana und Daniel nach traditionellen Rezepten gebacken. Verraten haben sie uns das Rezept für die köstlichen Jesuitas, unwiderstehliche Dreiecke aus blättrigem Teig, bestrichen mit Baiser.

ANA SANTOS & DANIEL SCHULZE

PAZ D'ALMA

JESUITAS

12 Jesuitas

TEIG

500G	Weizenmehl
250 ML	Wasser
1 TL	Salz
250G	Margarine

BAISER

2	Eiweiß
	Zitronensaft
200G	Puderzucker
2 TL	Zimt

ZUBEREITUNG ≈ Das Mehl mit dem Salz und dem Wasser zu einem zähen Teig kneten. Diesen auf der Arbeitsfläche rund ausrollen, die Margarine in die Mitte geben und diese in eine rechteckige Form nicht ganz bis zu den Rändern des Teiges verstreichen. Die vier überlappenden Teigenden nach innen falten und die Margarine somit vollständig bedecken.
Die Teigtasche vorsichtig ausrollen. Dabei sollte darauf geachtet werden, dass immer genug Mehl unter dem Teig ist und dass eine rechteckige Form beibehalten wird. Die beiden äußeren Drittel nach innen übereinander klappen. Dabei das Mehl der umgeschlagenen Seiten wegstreichen, damit die Schichten gut aneinander kleben. Den Teig um 90 Grad drehen und erneut zweimal ausrollen und falten. Den Teig auf ca. einen halben Zentimeter Dicke ausrollen, Dreiecke der gewünschten Größe ausschneiden und auf einem Backblech verteilen.

Für das Baiser das Eiweiß mit ein paar Tropfen Zitronensaft cremig schlagen, es aber nicht steif werden lassen. Den Puderzucker und den Zimt nach und nach unterrühren. Die Teigdreiecke gleichmäßig mit dem Baiser bestreichen. Im vorgeheizten Backofen auf der untersten Schiene bei 180°C für ca. 40 Minuten backen bis sie goldbraun sind. Bom Apetite!

WALNUSS-BROWNIE

CAKE POPS

40 Cake Pops

WALNUSS-BROWNIE

250G	Butter
200G	Zartbitter-Kuvertüre
6	Eier
250G	Zucker
1	Vanilleschote (Mark)
200G	Weizenmehl
50G	Kakaopulver
80G	gehackte Walnüsse
1	Prise Salz

SALZIGER KARAMELLKERN

125G	Puderzucker
35 ML	Wasser
60 ML	Sahne
100G	Butter
3G	Salz

CAKE POPS

	Walnuss-Brownie vom Vortag
170-200G	Gelee (z.B.Quitte oder Aprikose)
	Karamellkugeln
	Lutscherstiele
600G	Zartbitterkuvertüre
	Walnüsse für die Dekoration
	Styropor als Halterung für die Cake Pops

BROWNIE ≈ Backofen auf 180°C Ober-/Unterhitze (160°C Umluft) vorheizen. Butter in einem Topf schmelzen, vom Herd nehmen und gehackte Schokolade unterrühren. Eier mit Zucker und Vanille in einer Schüssel mithilfe eines Handrührgeräts schaumig schlagen. Die Schoko-Butter-Masse sowie das Mehl, Kakaopulver, Walnüsse und Salz vorsichtig unterrühren. Die Masse gleichmäßig in der eingefetteten Form verteilen und im Backofen ca. 25-30 Minuten backen. Danach in der Form auskühlen lassen. TIPP: Kuchen am besten einen Tag vorher backen, dann lässt er sich besser weiterverarbeiten.

SALZIGER KARAMELLKERN ≈ Zucker und Wasser in einem Topf bei mittlerer Temperatur erhitzen bis es karamellfarben ist. Sahne separat erhitzen und im dünnen Strahl zum Karamell geben, die zerkleinerte Butter und Salz beifügen und zu einer homogenen Masse verrühren. Karamellcreme etwas abkühlen lassen, in leere Toffifee-Halter oder ähnliche Mulden halbvoll abfüllen, komplett abkühlen lassen und mind. 2 Stunden im Gefrierschrank fest werden lassen. Karamell schließlich aus den Mulden entfernen und zu runden Kugeln formen. Vorsicht, nicht zu lange rollen, da das Karamell sonst durch die Körperwärme wieder flüssig wird.

CAKE POPS ≈ Brownie und Gelee in einer großen Schüssel von Hand mischen und gut durchkneten. Daraus 25-28g Kugeln formen, in deren Mitte die Karamellkugel gedrückt wird. Karamellkugeln gut mit Kuchenmasse umhüllen, bestielen und schließlich in temperierte Kuvertüre tauchen. Mit einer halben Walnuss garnieren.

Reisen bildet ja bekanntlich und manchmal kann es auch das ganze Leben verändern. Als die beiden Kommunikationswissenschaftler **ISABEL ESCHENWECK** und **BENJAMIN HOFFMEIER** im Sommer 2010 zu einem Bildungsaufenthalt nach London reisten, kamen sie nicht nur mit Sprachkenntnissen zurück, sondern hatten auch eine neue Liebe im Gepäck. In London haben die beiden Cake Pops entdeckt und es war Begeisterung auf den ersten Biss. In Berlin haben sie dann Pläne geschmiedet, Probe gebacken, Begeisterung geerntet und schließlich Ben und Bellchen gegründet. Alles an Ben und Bellchen ist geschmackvoll: Der nostalgische Look der Firmengründer und ihrer Verkaufsstände, die immer stilvoll verzierten Cake Pops und natürlich die kleinen kugeligen Kuchen selbst, die nur mit besten Zutaten, viel Liebe und Handarbeit gefertigt werden.

ISABEL ESCHENWECK / BENJAMIN HOFFMEIER

BEN & BELLCHEN

VEAGAN

COCONUT

4-6 Portionen

KOKOSESPUMA

500G Kulau Kokoscreme, 19%
100G Kulau Kokosfett
100G Agavendicksaft
3G Stabilisator

YUZU-/LIMETTEN-SORBET

500G Yuzu- oder Limettensaft
100G Zucker
100G flüssige Glukose
50G Wasser
3G Pectin Gel
2G Thymian

AVOCARDOCREME

2 Avocados
60G Agavendicksaft
Yuzu- oder Limettensaft zum Abschmecken
Salz

DATTELPAPIER

200G kalifornische weiche Datteln

SCHOKOLADEN-KOKOSNUSS

500G vegane Schokolade, temperiert
Wasserballon
Stickstoff
vegane Blockschokolade

KOKOSESPUMA ≈ Alle Zutaten zusammen erhitzen, durch ein Sieb passieren, in eine iSi - Flasche abfüllen und kalt stellen.

SORBET ≈ In einem Topf Saft, Zucker und Glokose vermischen. Das Gel in Wasser auflösen, zur Mischung hinzugeben und alles einmal aufkochen lassen. Thymian dazugeben und 10 Minuten köcheln lassen. Die Masse passieren, in Pacojet-Behälter abfüllen, für 3 Stunden im Kühlschrank erkalten lassen und dann einfrieren.

AVOCADOCREME ≈ Alle Zutaten zusammen pürieren und durch ein Sieb passieren.

DATTELPAPIER ≈ Die Datteln zwischen zwei geölten Backpapierblättern dünn ausrollen, einfrieren und dann ausstechen.

SCHOKOLADEN-KOKOSNUSS ≈ Mit einer Spritze die temperierte Schokolade (ca. 60g) in einen kleinen Wasserballon einfüllen. Diesen mit Stickstoff bis zur gewünschten Größe aufblasen und zubinden. Nun den Ballon vorsichtig drehen, bis die ganze Fläche mit Schokolade bedeckt ist und anschließend in Eiswasser weiterdrehen, bis die Schokolade fest ist. 2 Stunden im Kühlschrank erkalten lassen und dann den Ballon wegschneiden.

Mit einem großen Messer Raspeln von der Blockschokolade schaben. Mit einem Pinsel flüssige Schokolade auf die Kugel auftragen und sofort die Raspeln leicht andrücken.

BJÖRN MOSCHINSKI, MILES WATSON und **MARCUS KÜMMEL** sind die bekanntesten veganen Köche Berlins. Ihre Küche ist urban und kreativ, lebendig und kulinarisch am Puls der Zeit. Das erprobte Dreiergespann ist schon seit Jahren immer wieder zusammen aktiv und startet jetzt gerade in der Hauptstadt mit ihrer wachsenden veganen Foodszene so richtig durch. Ihre Vegan Cuisine ist international beeinflusst und spielt auf hohem Niveau. Natürlich hat das Trio auch für die veganen Süßschnäbel Kreationen parat. Gesund, unkompliziert und vegan vom Feinsten.

VEGAN CUISINE

Wenn's in der Schüssel knuspert und knackt, dann freut sich **SANDRA ANNA CHRISTEN.** In ihrer kleinen Manufaktur stellt sie das vegane BuntWild Knusperstreusel Müsli aus einer ganz besonderen Zutat her: aus sortenreinen Ölsaaten von Ölmühlen aus Berlin und Brandenburg. Besonders nachhaltig: Sie verwendet auch den wertvollen Presskuchen, der durch die Kaltpressung in den Mühlen entsteht. Der enthält immer noch viele Rohfasern, Vitamine, Mineralstoffe, Proteine und einen Rest Öl. Viel zu schade zum wegwerfen dachte sich die studierte Medienwissenschaftlerin und Foodbloggerin und fing an mit dem Presskuchen zu experimentieren. Herausgekommen sind sechs leckeren Sorten - alle rein biologisch und aus regionalen Zutaten. Damit kann man nicht nur gesund frühstücken, sondern auch backen, kochen und natürlich Müsliriegel machen.

SANDRA ANNA CHRISTEN

BUNTWILD

TOMATE-VANILLE

MÜSLIRIEGEL

ZUBEREITUNG ≈ Die Hälfte der Haferflocken in einen Mixer geben und die getrockneten Tomaten dazu geben. Wenn etwas von dem Öl mit in die Haferflocken gelangt, ist das gar nicht schlimm. Dann den Mixer einstellen und beides miteinander vermengen. Es sollten noch grobe Tomatenstücke erkennbar sein. Dann die gemixte Masse in eine Schüssel geben und mit den restlichen Zutaten zu einem homogenen Teig verarbeiten. Den Backofen auf 220°C vorheizen. Ein Backblech mit Backpapier auslegen und den Teig darauf Fingerdick verteilen. Ein zweites Blatt Backpapier auf den Teig legen und mit einer kleinen Teigrolle ganz glatt ausrollen, so dass er überall die gleiche Stärke hat. Je akkurater der Teig jetzt in Form gebracht wird, desto einfacher wird es dann die Masse zu schneiden.

Den Teig für ca. 25 Minuten im Backofen backen und dann auskühlen lassen. Wenn der Teig erkaltet ist, kann man ihn in Riegel schneiden. Dafür eignet sich am besten ein Teppichmesser und ein großes Lineal. Dann die Riegel in einer Keksdose aufbewahren oder in Backpapier einwickeln und hübsch beschriften.

	20 Riegel
500G	kernige Haferflocken
150G	getrocknete Tomaten
100G	BuntWild Knusper - Streusel
1 PÄCK.	Vanillezucker
1	Prise Salz
2-3 EL	Agavendicksaft oder Honig

BENNO & MELANIE HÜBEL

SAWADE

Am Anfang stand ein süßes Geheimnis. Als der Confiseur Ladislaus Ziemkiewicz im Jahre 1880 sein feines Geschäft für hausgemachte Pralinen, Konfekte und Bonbons eröffnete, nannte er es nach seiner heimlichen Geliebten, der Witwe Marie de Savadé. Sein elegantes Konfekt eroberte auch die Herzen der Berliner im Sturm und da man auch am preußischen Hof wusste, was gut ist, wurde die Manufaktur zum königlichen Hoflieferanten ernannt. Sawade begleitete die Berliner über die Jahrzehnte durch gute und durch schlechte Zeiten. Die handwerklich hergestellten Pralinen waren immer da, wenn es galt zu Feiern, zu Trösten, zu Ehren oder zu Genießen. Auch die Besitzer wechselten bei Sawade, das Wirken immer darauf bestrebt, das echte Berliner Traditionsunternehmen zu erhalten. Die neuen Eigentümer **MELANIE** und **BENNO HÜBEL** führen seit kurzem die Confiserie-Produktion weiter. Sie bewahren die handwerkliche Qualität und bringen frischen Wind in Rezepturen und Verpackungen. „Schokolade ist Passion", sagen die beiden und das ist sicher im Sinne des verliebten Gründers.

SAWADE PASTETEN-EI ≈ Schicht für Schicht köstlichstes Handwerk. Das prächtige Pasteten-Ei von Sawade ist schon etwas ganz Besonderes, denn es besteht wirklich aus den feinsten Schichten: Auf Nussdessert und Mandelnougat werden Maraschinokirschen gelegt, darauf handgemachtes Blätterkrokant, das wiederum wird mit einer feinen Trüffelmasse begossen. Darauf kommt dann eine wunderschöne geflämmte Marzipandecke. Zum Abschluss noch ein Bad in zartbitterer Schokolade und die Krönung mit einer Pistazie. Kann da jemand widerstehen?

GABRIELLE JONES

JONES ICE CREAM

Obwohl man es ihr überhaupt nicht ansieht, behauptet die Französin **GABRIELLE JONES,** sie sei als Kind in einen Topf mit flüssiger Schokolade gefallen. Wunderbarerweise hat sich der Vorfall als richtungsweisend für das zukünftige Leben der kleinen Gabrielle erwiesen. In der Küche war sie am glücklichsten und der Ofen wurde ihr Lieblingsspielzeug. Stundenlang wälzte sie Backbücher und Kochzeitschriften. Als das während ihres Politik-Studiums auch noch so war, tat sie den Schritt in die richtige Richtung und begann eine Ausbild ung als Pâtissière. Nach ihrer Ausbildung gewann sie erstmal den französischen Preis für Nachwuchs Pâtissière. Kein Wunder, dass ihr dann die Türen der Küche im Pariser Ritz offen standen. Nach Paris kam St. Tropez und nach St. Tropez kam New York. Jetzt ist sie in Berlin. Und was macht Gabrielle Jones? Sie kauft sich einen wunderschönen Food Truck und macht überall da wo sie auftaucht, die Berliner von ihrem hausgemachten Eis abhängig. Das hausgemachte Eis serviert sie auf hausgemachten Cookies und wenn man davon probiert, fühlt man sich so glücklich, als sei man wieder Kind und in einen Topf mit flüssiger Schokolade gefallen.

BACON & ERDNUSSBUTTER

COOKIES

120G Zucker
50G Butter, Zimmertemperatur
70G Erdnussbutter
1 großes Ei
100G Mehl (Typ 450)
1 Prise Salz
4G Backpulver
150G Bacon, in dünnen Streifen

ZUBEREITUNG ≈ In einer Küchenmaschine Butter, Erdnussbutter, Zucker und Salz auf höchster Stufe ca. 3 Min. mixen, dann das Ei hinzugeben und noch eine Minute mixen.

Nun Mehl und Backpulver dazugeben, kurz vermischen und den Teig für mindestens eine Stunde im Kühlschrank ruhen lassen. In der Zwischenzeit den Bacon bei 200°C im Ofen grillen - am besten zwischen zwei Blechen, damit er flach bleibt – abkühlen lassen und in kleine Stücke brechen. Den Cookie Teig mithilfe eines Eisportionierers zu kleinen Bällen formen, auf einem mit Backpapier ausgelegten Blech bei 170°C für ca. 12 Minuten backen. Die Cookies sind am besten wenn sie noch weich sind – wer es lieber crunchy mag, kann sie auch länger backen. Nach der Backzeit die Cookies sofort vom Blech nehmen und mit soviel Bacon spicken wie man möchte.

TIPP ≈ Dazu passt am besten Cheesecake-Icecream. Anstelle des Bacons können auch Chocolate-Chips oder geröstete Cashews genommen werden - diese sollten aber vor dem Backen in den Teig!

Π NO. ROSÉ SEKT, ÖKONOMIERAT REBHOLZ ≈ Der π No. Rosé Sekt aus 100% Pinot Noir hat intensive florale Nuancen von Cassis und Johannisbeerblättern. Auf der Zunge entfaltet sich sein frischer würziger Geschmack mit einem feinen Schmelz. Durch seine 18 monatige Lagerung auf der Hefe und behutsamer traditioneller Flaschengärung, hat der Sekt kraftvolle Töne entwickelt, so dass man ihn zu Torten mit roten Beeren und Köstlichkeiten mit heller oder weißer Schokolade gut trinken kann.

PUR SEKT, BERNHARD KOCH, PFALZ ≈ Der Pur Sekt hat ein feines Aroma von weißem Bergpfirsich und Brioche. Die 16 monatige Flaschengärung bewirkt einen vollmundigen und runden Abgang von der Cuvée aus Chardonnay, Pinot Noir und Pinot Meunier. Besonders gut kombinierbar ist der Sekt mit fruchtig frischen Tartelettes oder auch einem feinem NY-Cheesecake.

SYDRE BRUT TENDRE, ERIC BORDELET, NORMANDIE ≈ Dieser fein perlende Cidre stammt von 20 verschiedenen Apfelsorten, die biodynamisch auf Granitboden liebevoll angebaut worden sind. Der Most wird ohne Zugabe von Zucker in Flaschen abgefüllt wo er weiter gärt. Dadurch entsteht die feine Kohlensäure. Der nach herbem, würzigem Apfel schmeckende Schaumwein hat einen Hauch von delikater Süße. Er ist am Besten mit feinen Apfel-Mehlspeisen kombinierbar oder auch als Alleingänger sehr köstlich!

RATAFIA DE CHAMPAGNE AMBONNAY, EGLY OURIET, CHAMPAGNE ≈ Der Ratafia ist ein mit Alkohol versetzter Traubenmost aus 100% Grand Cru Pinot Noir Trauben. Dieser wird dann mit hauseigenem Marc de Champagne versetzt zu einem samtig süßen Likörwein. In zweijähriger Lagerung in Edelstahltanks entwickelt der Wein Töne von Holunderblüten und Honigmelone. Er ist gekühlt zu genießen und kann mit oder ohne Dessert getrunken werden.

BOLLINGER SPECIAL CUVÉE BRUT - BOLLINGER, CHAMPAGNE ≈ Die Bollinger Special Cuvée Brut ist ein klassischer, opulenter und eleganter Champagner. Durch ihre fruchtbetonte, nussige und würzige Note kann man die Special Cuvée gut zu dunkler Schokolade, Nougat und feinem Mousse genießen. Bollinger gehört zu den wenigen größeren Betrieben, der noch im Familienbesitz ist. Außerdem ist die Bollinger Special Cuvée der Hauschampagner von James Bond und der beweist schon seit Jahrzehnten guten Geschmack.

Ein Gläschen Champagner gefällig? Gutes gesellt sich bekanntlich zu Gutem und so ist es nicht verwunderlich wenn zur Torte, zu den Pralinen oder auch zum Keks mal ein Gläschen von dem Schaumwein aus der Champagne serviert wird. Zur Feier des Tages und aus Freude am Genuss. Die Sommeliere und Weinagentin **HELEN MOL** dealt mit den edlen Tropfen und hat auch schon mal den einen oder anderen Schluck probiert. Schließlich blickt sie bereits in jungen Jahren auf eine Karriere mit Stationen in der Weinbar Rutz, dem White Trash und dem Pauly Saal zurück. Jetzt handelt sie lieber mit Wein, Sekt und Champagner und pflegt die Kontakte zu jungen Winzern, zu unabhängigen Produzenten und den guten Traditionshäusern. Und natürlich zu ihren Kunden. Ihre Auswahl aus der Champagne präsentiert Bestes und Feinstes.

WEINAGENTUR
MOL

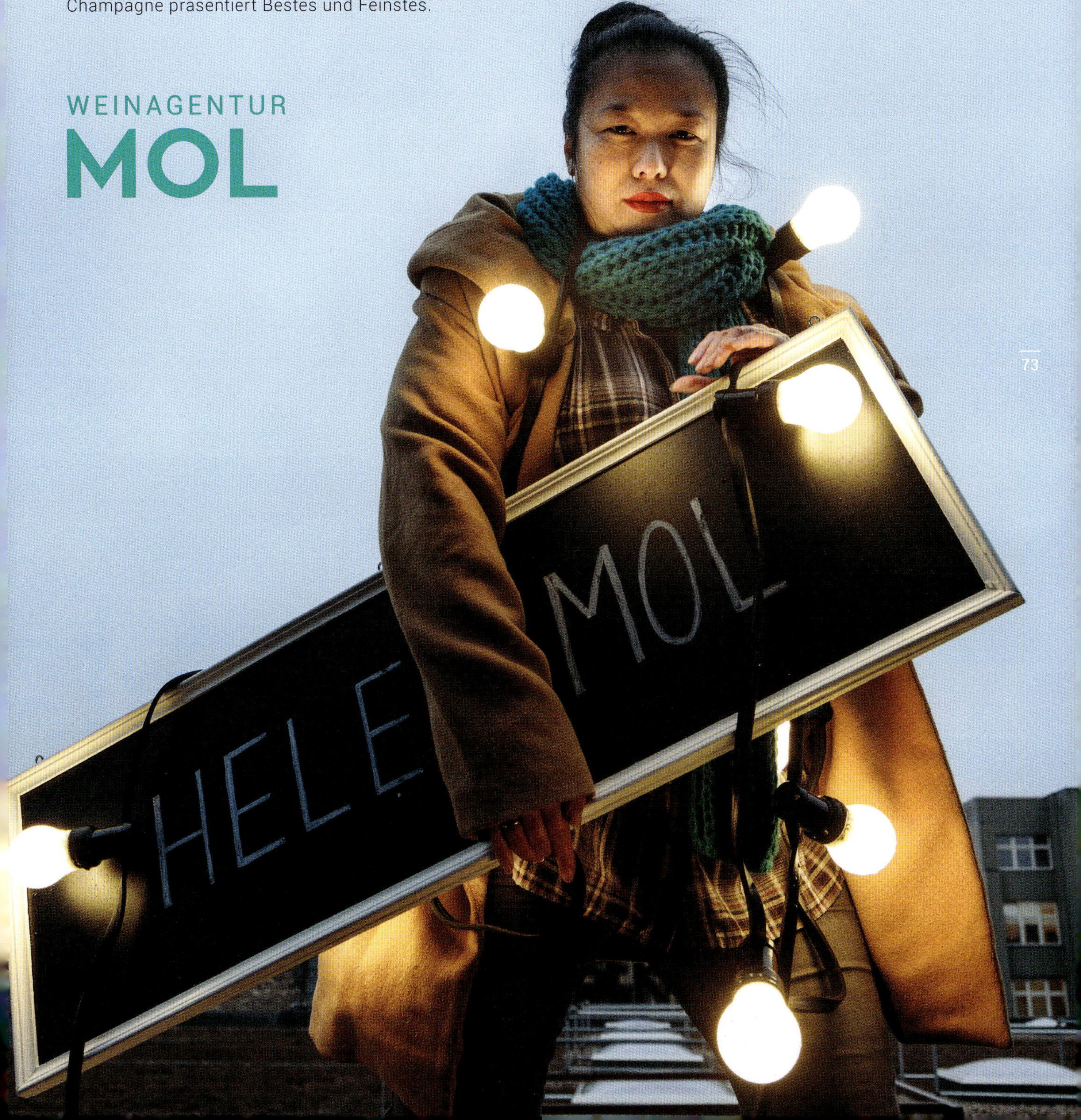

LA **POP CUISINE**

JOHANNES PAETZOLD

Er kennt sie alle! Die Abgefahrenen und die Klassiker, die Beliebten und die, die es werden wollen, die mit den Sternen und die von der Straße. Die Rede ist von Johannes Paetzold und seiner Rubrik Paetzolds Pop Cuisine, jeden Dienstag Vormittag bei Radio Eins, und den Köchen dieser Stadt. Für uns war er als Genuss-Scout, als Jäger und als Sammler unterwegs und hat hier seine kulinarischen Perlen der Hauptstadt zusammengetragen.

JOHANNES

PAETZOLD

In seiner Rubrik **PAETZOLDS POP CUISINE** beantwortet er rührend alle Geschmacksfragen, philosphiert messerscharf über die Kochkunst und zerlegt genüsslich Speisen und Rezepte. In der Stadt gabelt er die neuesten Häppchen auf und serviert sie wöchentlich seinen Hörern. Kein Gaumenkitzel, kein Leckerbissen zu dem er nicht die passende Musik findet, egal ob zu Kakaobohnen oder Insekten. In seine Rubrik kann man nicht nur dienstags reinhören - und sie danach jederzeit als Audio nachhören oder runterladen - man kann auch reinschmecken und sich die Pop Cuisine Berlins auf der Zunge zergehen lassen.

Außerdem lädt Johannes Paetzold jeden Samstag Abend bei Radio Eins zum zweistündigen Verweilen auf dem Planet Fruit ein, wo den internationalen kulinarischen Trends auch noch mal musikalisch nachgespürt wird, mit global Pop von brasilianischen Grooves bis zu Latinobeats.

LUCIE BABINSKA & KAI MICHELS. Beim Anblick der Kuchenvitrine von Lucie Babinska und Kai Michels nicht in Jubel auszubrechen, ist gar nicht so einfach. Aber was sollen dann die andern Gäste der eleganten kleinen Konditorei denken? Am Ende fangen sie noch an mit zu jubeln angesichts der unglaublichen Auswahl an kleinen Törtchen und Petit Fours, die von der Konditormeisterin Kai Michels liebevoll handgemacht und von der Hotelfachfrau Lucie Babinska liebevoll serviert werden. Im Herbst 2014 haben die beiden jungen Frauen ihre Pâtisserie in Prenzlauer Berg eröffnet und ihre Erfahrung in der Sternegastronomie Berlins genutzt, um wirkliche Qualität auf höchstem Niveau zu präsentieren. Kein Trubel, nur Jubel.

FEINE PÂTISSERIE
JUBEL

SANDDORN-QUARK
TÖRTCHEN

4-6 Törtchen

1 Tortenringe Ø 5-7 cm
(Metall oder Plastik)
1 Tortenfolie

BODEN

150G	Haferkekse
50G	Butter

QUARKMOUSSE

135G	Quark
40G	Zucker
2	Blatt Gelatine
100G	geschlagene Sahne
	Saft von einer ½ kleinen Zitrone

SANDDORNGEL

90 ML	Sanddorn Direktsaft
75 ML	Wasser
40G	Zucker
2G	Agar Agar

STREUSEL

40G	Butter, flüssig
40G	Zucker
50G	kernige Haferflocken
25G	Mehl

FINISH

Sanddornbeeren (auf dem Törtchen) selbst ernten oder bestellen

SANDDORNBEEREN ≈ Zwei Tage vorher in ein Weckglas geben und großzügig mit Zucker bedecken. Gut verschließen.

BODEN ≈ Butter und Haferkekse im Mixer kuttern. Die Tortenringe auf ein Backblech oder Brett stellen und den Rand mit Tortenfolie auskleiden. Nun die Masse gleichmäßig auf die Ringe verteilen und mit den Fingern zu einem glatten Boden drücken. In den Kühlschrank stellen.

QUARKMOUSSE ≈ Quark/ Zitrone/ Zucker verrühren. Die aufgeweichte Gelatine einrühren und die Sahne unterheben.

SANDDORNGEL ≈ Saft, Wasser und Zucker aufkochen. Das Agar Agar einrühren und nochmals alles zusammen aufkochen lassen. Kaltstellen bis der Fond vollständig erstarrt ist. und danach die Masse im Mixer cremig pürieren.

STREUSEL ≈ Alle Zutaten verrühren und auf einem mit Backpapier ausgelegten Backblech als Streusel verteilen. Bei 170°C ca. 12-15 min backen. Abkühlen lassen.

Auf den vorbereiteten Boden eine walnussgroße Menge Sanddorngel aufspritzen. Dabei darauf achten, dass rundherum noch ca. 0,5 cm Platz bleibt. Dann das Quarkmousse einfüllen, erst am Rand um das Gel herum, dann bedecken. Ungefähr 2 Stunden kaltstellen. Danach mit den Streuseln und den Sanddornbeeren dekorieren und fertig.

TIPP ≈ Das Sanddorngel und die Streusel am besten einen Tag zuvor vorbereiten.

WALDORF ASTORIA

LES SOLISTES

ROEL LINTERMANS & JONATHAN GAUDIN, Les Solistes by Pierre Gagnaire. Alles am Les Solistes by Pierre Gagnaire im Waldorf Astoria Berlin ist pure Eleganz. Das Mobiliar, die Blumenarrangements und die Kunstwerke an den Wänden sind erlesen, zeitlos und entspannt. Was das Ambiente verspricht, wird von der Küche übertroffen. Der französische Sternekoch Pierre Gagnaire hat seine klassische Cuisine mit dem gewissen innovativen Etwas aus Paris nach Berlin gebracht und hier eine kulinarische Lücke gefüllt. Im Les Solistes am Werk ist Chefkoch Roel Lintermans. Pierre Gagnaire vertraut seit Jahren auf den Belgier, wenn es um die weltweite Umsetzung seiner Küche geht. Das Vertrauen wurde voll erfüllt, denn Roel Lintermans und sein Team haben bereits nach einem Jahr in Berlin einen Stern erkocht. Der Pâtissier an Lintermans Seite heißt Jonathan Gaudin. Er kommt aus Calais im Kanton Wallis in der Schweiz. Wie das gesamte Team wurde er in Paris bei Pierre Gagnaire geschult. Seine Desserts sind auf aparte Weise stilvoll. Trés chic.

LAKRITZE/VANILLE

MILLEFEUILLE

	BLÄTTERTEIG
212G	Mehl T55
125G	Mehl T45
50G	Butter (flüssig)
167G	Wasser
10G	Salz
100G	Butter
	CASSIS „ECLATE“
125G	Cassis TK
25G	Zucker
12G	Glukosesirup
1G	Weizenpuder

BLÄTTERTEIG ≈ Mehl und flüssige Butter vermischen, dann Salz/Wasser-Mischung dazu geben, gut vermengen und 24 Std. kalt stellen.
Am nächsten Tag 375g des Basisteigs ausrollen, 100g Butter einschlagen und 3 doppelte Touren geben, kalt stellen. Nach 24 Std. Teigruhe, den Teig ca. 5 mm dick ausrollen und zwischen 2 Blechen bei 180°C für 30 Min. backen. Nach dem Auskühlen in Rechtecke schneiden.

CASSIS „ECLATE“ ≈ Die Johannisbeeren mit dem Zucker und Glukose im Wasserbad 2 Std. erwärmen, dann sieben und den Saft aufkochen.
Stärke zum Saft hinzugeben, 2 Min. kochen, dann die Beeren hinzu geben und alles einmal aufkochen. Auskühlen und kalt stellen.

CASSIS SORBET

- **62G** Wasser
- **12G** Glukosepulver
- **50G** Zucker
- **250G** Cassis Püree
- **25G** Zitronensaft

LAKRITZ/ VANILLE-CREME

- **400G** Sahne
- **2** Vanilleschoten
- **120G** Eigelb
- **6G** Gelatine
- **84G** Zucker
- **100G** Butter

- **2G** Gelatine
- **35G** Sahne
- **4** Lakritzstangen
- **60G** Mascarpone

PAPRIKA GEL

- **500G** Wasser
- **500G** Zucker
- **250G** rote Paprika

FEIGE „KONVIERT"

- **250G** Feigen
- **450G** Paprikasirup (siehe Paprika Gel)

CASSIS SORBET ≈ Wasser, Glukose und Zucker aufkochen. Püree und Zitronensaft hinzufügen, alles zusammen aufkochen, abfüllen und einfrieren.

LAKRITZ/VANILLE-CREME ≈ Gelatine in kaltem Wasser einweichen. Sahne aufkochen und mit den Vanilleschoten (ausgekratzt) 30 Min. ziehen lassen, danach entfernen.
Eigelb mit dem Zucker mischen. Sahne erneut aufkochen, mit dem Ei/Zucker mischen und auf 87°C unter Rühren erhitzen. Die Gelatine einrühren und die Masse auf ca. 40°C abkühlen lassen, dann mit dem Stabmixer die Butter emulgieren, kalt stellen.

Gelatine kalt einweichen und Sahne mit den Lakritzstangen erhitzen, etwas ziehen lassen, dann entfernen. Gelatine in der Sahne lösen, Sahne unter Mascarpone rühren.
Die „Lakritz-Mascarpone" flüssig unter die Basismasse rühren.

PAPRIKA GEL ≈ Wasser und Zucker zusammen aufkochen. Paprika waschen/putzen und in kleine Stücken schneiden (ca.2x2cm). Die Paprikastücken ca. 2 Std. langsam in dem Sirup köcheln lassen, dann raussieben und den Sirup in einen Topf füllen (für die Feigen). Die Paprikastücken werden nun in den Thermomix gegeben und dort so lange gehackt, bis eine Paste entseht. Paste danach sieben!

FEIGE „KONVIERT" ≈ Feigen schälen und vierteln.
Die Viertel nun ca. 3 Std. langsam im Sirup köcheln lassen.

ANRICHTEN ≈ Der gebackene Blätterteig wird in Rechtecke 8x8cm geschnitten. Auf 2 der Rechtecke werden gleichmäßig Punkte mit Lakritzcream aufgeschpritzt. Das dritte Rechteck wird mit Puderzucker garniert und dient als „Deckel". Nun alle Ebenen vorsichtig übereinander setzen und mit einem Punkt Cream auf dem Teller fixieren.
Von den Feigen kommen 4 Viertel in eine Schale, diese werden mit etwas Sirup übergossen und mit Paprikagel- Punkten und etwas Kresse garniert.
Das Cassiseclate wird in einem Martiniglas angerichtet, mit einem Schuss Cassislikör und dem Cassissorbet oben drauf.

RESTAURANT
FACIL

THOMAS YOSHIDA ist ein Berliner mit einer großen Liebe für Desserts. Das ist auf den ersten Blick vielleicht nicht ganz so ungewöhnlich. Thomas Yoshida ist aber auch ein Berliner, der für einige der besten Desserts der Stadt verantwortlich ist. Und zwar als Pâtissier in einem Zwei-Sterne-Restaurant. Seit über 10 Jahren arbeitet er an der Seite von Michael Kempf im Facil. Mit der Zeit hat er seinen eigenen, ganz außergewöhnlichen Stil perfektioniert. Auf seinen Tellern entstehen filigrane kulinarische Szenarien, Landschaften, Geschichten. Fast zu schön zum Essen. Dabei hat Geschmack für den Pâtissier des Jahres 2013 die oberste Priorität. Erst wenn der stimmt, denkt er an die Form. Fruchtbetonte leichte Desserts sind ihm für den Abschluss eines Menüs eigentlich am Liebsten. Aber manchmal bricht der heimliche Schokoholiker aus ihm heraus. Thomas Yoshida ist nämlich auch ein Berliner mit einer großen Liebe zur Schokolade.

ERDNUSS, AVOCADO, KAFFEE &

PASSIONSFRUCHT

PASSIONS-FRUCHT-SPHÄRE

100G Vollei
110G Zucker
110G Passionsfruchtsaft
110G Butterwürfel

GELATINE

420G Wasser
60G Zucker
25G Pflanzen-Gelatine

AVOCADO-CREME

60G Wasser
20G Glukose-Sirup
20G Zucker
15G Zitronensäure
15G Meersalz
125G Avocado-Fruchtfleisch

KAFFEE-SAND

75G Mehl
30G Kakaopulver
5G Meersalz
75G Zucker
50G Muscovado-Zucker
125G Mandelgrieß
15G Kaffeepulver
100G kalte kl. Butterwürfel
50G Kakaobohnen

ERDNUSSEIS

100G Rohrzucker
100G Karamell-Likör
300G Milch 1,5%
350G Sahne, 30%
120G Eigelb
60G Eiweiß
60G Trimoline (Invertzucker)
60G Erdnusspaste

MOLE CHIPS

100G Wasser
50G Mehl
15G Kinako
Bestreuen: Meersalz, Mole Gewürz, Kinako

PASSIONSFRUCHT-SPHÄRE ≈ Ei und Zucker gut verrühren, den Passionsfruchtsaft aufkochen, zum Ei geben und verrühren. Diese Masse kurz im Topf unter rühren köcheln lassen und durch ein Sieb in eine Schüssel geben. Auf 50°C abkühlen und die Butterwürfel einrühren. Die Passionsfrucht-Creme in Silikonkugeln füllen und einfrieren.

GELATINE ZUM TUNKEN DER SPHÄREN ≈ Alle Zutaten zusammen aufkochen und 3 Std. kalt stellen. Im Topf wieder auflösen und die gefrorenen Passionsfruchtkugeln mit einem Zahnstocher zweimal eintunken. Auf ein Blech geben, Zahnstocher entfernen und mit Folie abdecken und im Kühlschrank aufbewahren.

AVOCADO-CREME ≈ Alle Zutaten, außer der Avocado, kurz aufkochen und heiß über das Avocado-Fruchtfleisch geben und im Mixer pürieren. Durch ein Sieb streichen und in eine Spritzflasche abfüllen.

KAFFEE-SAND ≈ Alle Zutaten in eine Küchenmaschine geben und mit dem Flügelbesen auf langsamer Stufe zu Streuseln verarbeiten. Die Hälfte der Streusel bei 170°C ca. 10 Min. backen und kalt stellen. Wenn die gebackenen Streusel kalt sind mit den rohen mischen. Wer möchte, kann noch einige gehackte, gesalzene Erdnüsse untermischen.

ERDNUSSEIS ≈ Rohrzucker leicht karamellisieren und mit Karamell-Likör ablöschen. Mit Milch und Sahne auffüllen und kurz aufkochen. Ein Viertel der heißen Flüssigkeit zur Eismischung geben und umrühren. Nun die Masse zurück in den Topf geben und alles auf 84°C unter leichtem aber ständigem rühren erhitzen.
Masse durch ein Sieb geben, Trimoline und Erdnusspaste zugeben und einrühren. Die Eismasse kalt stellen und bei Bedarf in der Eismaschine abfrieren.

MOLE CHIPS ≈ Das Wasser mit dem Schneebesen langsam ins Mehl einrühren, darauf achten, dass keine Klümpchen entstehen. Dünn mit Hilfe einer Palette auf eine Silpat-Backmatte auftragen, mit Meersalz, Kinako und Mole Gewürz bestreuen. Bei 180°C im Ofen ca. 10 Min. gold-braun backen.

NAMELAKA JIVARA KAFFEE ≈ Bohnen 24 Std. in der kalten Sahne ziehen lassen. Vollmilch mit Glukose aufkochen, Gelatine zugeben und mit der Schokolade eine Emulsion herstellen. Dazu die heiße Milch in drei Etappen zur geschmolzenen Schokolade gießen, nach jeder Etappe kräftig umrühren bis eine glänzende Emulsion entsteht. Nun mit der kalten Kaffee-Sahne auffüllen, nochmals mit einem Mixstab durchmixen und die Masse für 24 Std. im Kühlschrank aufbewahren. Zum Anrichten die Kaffee-Creme in einen Spritzbeutel mit Tülle geben und auf den Teller dressieren.

ERDNUSSCREME ≈ Erdnüsse im Öl langsam und unter ständigem rühren golden frittieren. Öl abgießen und die Nüsse im Mixer zu einer feinen Paste vermahlen.
Alle Zutaten für 6-8 Min. in einer Küchenmaschine zu einer sehr feinen Masse mixen. Die Erdnusscreme in einen Spritzbeutel geben und gleichmäßig in Silikon-Erdnussformen gießen und im Tiefkühler für mindestens 2 Std. einfrieren. Die gefrorenen Erdnüsse mit Hilfe eines Zahnstochers im erhitzten Manitol tunken und auf einem Teller ablegen.
(Mit Manitol unbedingt Vorsichtig arbeiten, Verbrennungsgefahr)

NAMELAKA JIVARA KAFFEE

250G	flüssige Sahne
25G	Espressobohnen
100G	Vollmilch
10G	Glukose
2G	Gelatine
185G	Vollmilch-Schokolade
225G	flüssige Kaffee-Sahne

ERDNUSSCREME

500G	rohe Erdnüsse
350G	Rapsöl
125G	Mineralwasser, still
150G	Erdnusspaste (Schritt 1)
50G	Erdnussöl
0,5G	Xantan
1,5G	Meersalz
0,5G	gemahl. Kampot-Pfeffer
80G	Vollmilch fettarm
300G	Manitol (Texturas)

ERDNUSS-SCHALEN

200G	Dulcey Schokolade, temperiert

ERDNUSS-SCHALEN ≈ Erdnuss-Pralinenformen mit der Schokolade ausgießen, überschüssige Schokolade abgießen und die Form zum Auskristallisieren (8 Std.) an einen kühlen, aber möglichst trockenen Ort stellen. Je länger die Schokolade in der Form auskristallisiert, umso besser der Glanz.

ZUSÄTZLICH BENÖTIGT ≈ Silikonform Erdnuss, Pralinenform Erdnuss, Zahnstocher, Boretsch Kresse, Avocado (kleine Kugeln ausstechen).

LITSCHI, FENCHEL, DULCEYCREME

GRANNY SMITH APFEL

SCHOKOLADEN-RING

100G Jivara Vollmilch-Schokolade, 40%
150G Weiße Opalis-Schokolade

LITSCHI-MOUSSE

50G Kokoslikör
6G Gelatine, in Eiswasser eingeweicht
250G Litschipüree
175G Sahne
2 Eiweiß
50G Zucker

SCHOKOLADEN-RING HOLZ-MUSTER ≈ Vollmilch-Schokolade temperieren. Aufschmelzen auf 47°C, auf der Marmorplatte auf 28°C tablieren (durch ständige Bewegung abkühlen), zurück in die Schüssel geben und gut umrühren. Die Schokolade gleichmäßig in Streifen auf Folien auftragen und mit Hilfe eines Holz-Maserungstempels wellenartig über die Schokolade fahren. Schokolade kristallisieren lassen. Nun die Opalis-Schokolade wie die Vollmilch-Schokolade temperieren und über die Maserung eine Schicht Schokolade auftragen. Die Folien gleichmäßig und sauber in die Ringe einlegen und auskristallisieren lassen. Die Ringe auf Folie setzen, die Litschi-Mousse einfüllen und kalt stellen.

LITSCHI-MOUSSE ≈ Kokoslikör aufkochen und die ausgedrückte Gelatine zugeben und verrühren. Heißen Likör zum Litschipüree geben. Sahne cremig und das Eiweiß direkt mit dem Zucker aufschlagen. Zuerst die Sahne unterheben, danach das Eiweiß.
Die Schüssel auf Eiswasser stellen und vorsichtig rühren. Wenn die Mousse leicht zu gelieren beginnt, in einen Spritzbeutel füllen und in die vorbereiteten Schokoladenringe füllen. Darauf achten, nur so hoch einzufüllen wie auch der Schokoladenring ist.

MALTO KIESEL

75G	Dulcey-Schokolade
6-8 EL	Malto Dextrin

FENCHELCHIPS

60G	Mehl
100G	Wasser
0,5G	Fenchelpollen
1G	Meersalz

DULCEY CREME

125G	Vollmilch
15G	Glukose
2G	Salz
2,5G	Blattgelatine, kalt eingeweicht
210G	Dulcey-Schokolade Valrhona
250G	Sahne 33%, kalt

APFELKOMPOTT

500G	Granny Smith Apfel, geschält, 1cm Würfel
60G	Zucker
20G	Butter
1	Tahiti-Vanille-Schote
1	Zimtstange
200G	Apfelsaft, naturtrüb
20G	Calvados
5G	Gelatine, eingeweicht
20G	Zitronensaft

APFEL-LITSCHI-SORBET

150G	Zucker
60G	Glukosepulver
6G	Pektin NH
200G	Wasser
250G	grünes Apfelpüree Boiron
250G	Litschipüree Boiron

LITSCHI-TAPIOKA

½	Vanilleschote
50G	Tapiokakugeln, klein
200G	Litschipüree Boiron

MALTO KIESEL ≈ Dulcey-Schokolade in einem großen Stieltopf bei wenig Hitze aufschmelzen. Nach und nach das Malto einarbeiten, bis die Masse krümelig bis leicht klebrig wird. Mit dem Löffel in kleine Stücke zerteilen und dabei den Topf immer mit kreisenden Bewegungen auf dem Herd lassen bis der Topfboden leicht anbräunt. Die rundlichen Kiesel auf ein Blech geben und abkühlen lassen.

TIPP ≈ Wenn die Kiesel fast fertig sind, noch gemahlene Gewürze wie Pfeffer oder Mole zugeben, um die Steine zu aromatisieren.

FENCHELCHIPS ≈ Das Wasser mit dem Schneebesen langsam ins Mehl einrühren, darauf achten dass keine Klümpchen entstehen. Dünn mit Hilfe einer Palette auf eine Silpat-Backmatte auftragen, mit Meersalz und Fenchelpollen bestreuen. Bei 180°C im Ofen ca. 10 Minuten goldbraun backen.

DULCEY-SCHOKOLADENCREME ≈ Milch mit Glukose und Salz aufkochen, die Gelatine zugeben und mit der geschmolzenen Dulcey-Schokolade eine Emulsion herstellen. Dazu die heiße Milchmischung in drei Etappen zur Schokolade gießen. Nach jeder Etappe kräftig umrühren bis eine glänzende Emulsion entsteht. Die Sahne nach und nach zugeben und durchmixen. Abgedeckt im Kühlschrank 24 Stunden auskristallisieren. Die Masse ganz leicht durchrühren, in einen Spritzbeutel mit Lochtülle füllen und bis zum Anrichten kalt stellen.

APFELKOMPOTT ≈ 250g der Apfelwürfel mit dem Zucker, Butter und der Vanille im Topf bei hoher Hitze kochen, bis die gesamte Flüssigkeit reduziert und die Äpfel anbraten.
Jetzt den Apfelsaft und die restlichen rohen Äpfel untermischen. Calvados, eingeweichte Gelatine und Zitronensaft zugeben, verrühren und kalt stellen.

APFEL-LITSCHI-SORBET ≈ Zucker, Glukosepulver und Pektin mischen, ins Wasser einrühren und in einem Topf zum Kochen bringen. Eine Minute leicht köcheln lassen und zu den Fruchtpürees geben. Mixen und in einer Eismaschine frieren, im Tiefkühler bei -12°C aufbewahren.

LITSCHI-TAPIOKA ≈ Die Tapiokaperlen in viel kochendes Wasser geben und solange kochen, bis die Kugeln Innen einen kleinen weißen Kern aufweisen und Außen durchsichtig sind (ca. 10 Min.). Dann mit kaltem Wasser in einem Sieb ausgiebig abspülen und die Perlen in das Litschipüree mit der Vanille geben. (6 Stunden im Kühlschrank ziehen lassen damit die Perlen den Geschmack und die Feuchtigkeit aufnehmen.)

SONSTIGE ZUTATEN ≈ Fenchelchips (dehydriert), Atsinakresse, Bronzefenchel, Fenchel (gehobelt), heller Balsamico-Essig und Olivenöl zum Marinieren, Cidre-Gel, Finger-Lemon, karamellisierte Pecannüsse, frische Litschi und Granny Smith Apfel

RUTZ
RESTAURANT

MARCO MÜLLER & DENNIS QUETSCH. Gäbe es das Rutz nicht, müsste man es schnell erfinden. Eröffnet 2001 als Oase in einer kulinarisch unterentwickelten Stadt, hat es die Herzen der Genießer aus Berlin und anderswo im Sturm erobert. Seit 2004 ist Marco Müller im Rutz der Chef in der Küche und hat von hier aus die kulinarische Szene Berlins mit seinem charmant eigenwilligen Stil entscheidend mitgeprägt. Mit dem Michelin Stern wurde der gebürtige Potsdamer 2007 ausgezeichnet, Berliner Meisterkoch ist er seit 2011. Seine Desserts sind süß, aber nicht zu süß. Mal haben sie eine überraschend saure Note, mal eine interessante Würze. Bei der Wahl der Zutaten sind Marco Müller und sein Pâtissier Dennis Quetsch erfreulich hemmungslos. Salat oder Gurke zum Dessert? Aber klar! Das Ergebnis? Ausgezeichnet!

FRISCHKÄSE CANACHE, KARDAMOM-EIS
ZITRONENTARTE

TARTE
- **125G** Zucker
- **2** Eier
- **4G** Mondamin
- **1** Reife Yuzu Zitrone, durch Sieb gestrichen
- **1,5** Amalfi Zitronen (Abrieb und Zeste)
- **1** Zimtstange
- **62G** Butter
- **1** Blatt Gelatine

CANACHE
- **60G** Philadelphia
- **50G** Glukose
- **40G** Original Beans Edel Weiß Schokolade, 40%

TARTE ≈ Zucker, Eier und Mondamin mit einem Zauberstab mixen. Die Zimtstange über einer nicht rußenden Flamme rösten und zusammen mit Zitronensaft, -abrieb und Zeste aufkochen, sowie mit Hilfe eines Schneebesens kalte Butterwürfel untermontieren.
Beide Massen miteinander vermengen und aufkochen. Jetzt die eingeweichte Gelatine zugeben, dann die Masse durch ein Sieb geben und noch warm in die gewünschte Form füllen.

FRISCHKÄSE CANACHE ≈ Glukose und Philadelphia langsam erhitzen und nach & nach zur schon temperierten Schokolade hinzugeben. Dann glatt rühren und in einen Spritzbeutel mit Lochtülle füllen.

	EIS
500G	Milch, 3,5%
100G	Muskovado Zucker
100G	Eigelb
3G	grüner Kardamom
1G	schwarzer Kardamom, die Kerne

KARDAMOM-MUSKOVADOZUCKER EIS ≈ Beide Kardamomsorten leicht anrösten und leicht mörsern, mit Milch vermengen und das Ganze einmal aufkochen lassen. Dann 15 Minuten ziehen lassen. In der Zwischenzeit einen Topf mit heißem Wasser gefüllt auf eine kleine Flamme stellen. Eigelb und Zucker in einer Schüssel verrühren, welche auf diesen Topf passt und die noch heiße Milch unter starkem Rühren zugeben. In dem Wasserbad zur Rose abziehen, durch ein Sieb geben. Nun die abgekühlte Masse in einer vorgekühlten Eismaschine oder Sorbitiere zu einem cremigen Eis frieren.

WEITERE KOMPONENTEN AUF DEM TELLER ≈ „Knusperstreu", Ital. Meringue (flambiert), Mandarinen, Kalamansi Gel, Zitronen Gel, weiße Schokoladenwürfel, frisch geriebene Limettenzeste, Limettengranit, Amalfi Zitronensauce, Melassemousse

KUHMILCH & GARTENGURKE, DILL,

GEWÜRZLIMETTEN

GEWÜRZLIMETTEN

4	Limetten
50G	Zucker
50G	Wasser
1	Nelke

JOGHURT-SCHAUM

100G	Wasser
200G	Schokolade, 40%
500G	griechischer Joghurt, 10%
30G	Pro Espuma „kalt"

GURKE

30 ML	Lime Juice
1	Gurke
50G	Muskovado Zucker
1	Limette
30G	Dill
1 MSP	Meersalz

GEWÜRZLIMETTEN ≈ Zuerst die Limetten filetieren. Dann den Zucker, den verbleibenden Limettensaft und Wasser mit der Nelke aufkochen. Jetzt die Limettenfilets lauwarm einlegen und mindestens 12 Stunden ziehen lassen.

JOGHURT-SCHAUM ≈ Das Wasser aufkochen und darin die schon grob gebrochene Edelweißschokolade auflösen, dann mit dem Joghurt und Pro Espuma mixen. Jetzt in eine ISI Espuma Flasche füllen und mit 2 Sahne-Kapseln befüllen, ca. 6 Stunden kühl stellen.

GURKE ≈ Die Gurke schälen (Enden abschneiden).
8 Scheiben á 1 cm dick schneiden und rund ausstechen. Die restliche Gurke ca. 1mm dünn von beiden Seiten bis zum Kerngehäuse mit Hilfe einer Aufschnittmaschine oder eines Küchenhobels aufschneiden. Davon 8 Scheiben auf eine gleiche Größe und Form zuschneiden, rollen. Die Gurkenreste und die verbliebenen Zutaten fein mixen und durch ein Tuch passieren.Zum Schluss die zurecht geschnittenen Gurkenstücke mit der Flüssigkeit vakuumieren, kühl stellen und 4 Stunden ziehen lassen.

WEITERE KOMPONENTEN AUF DEM TELLER ≈ Rolle von Joghurtmousse, Joghurtpulverstaub, Joghurtsphäre, Joghurtcreme, Limettencreme, Dillpollen, Schaum von Joghurt & weißer Schokolade, frischer Dill, Joghurt-Limetten-Sorbet, Passionsfrucht-Limetten-Granit, Macadamia-Nusskrokant, Joghurthippe

BY PACO PÉREZ

CINCO

ANDREAS REHBERGER
Kitchen-Chef

MONTGOMERY AGUILÒ WRAY
Kitchen-Chef

PATRICIO ZUCARINI MELE
Kitchen-Chef

Die Avantgarde ist süß! Der spanische Koch Paco Pérez hat sich mit seinen Restaurants beachtliche 5 Sterne erkocht. Der ehemalige Schüler von Molekular-Guru Ferràn Adriá eröffnete 2012 im Hotel Das Stue sein erstes Gastronomie-Projekt im Ausland und wurde 2013 dafür gleich mit einem Stern ausgezeichnet. Die drei jungen Köche **PATRICIO ZUCARINI MELE**, **ANDREAS REHBERGER** und **MONTGOMERY AGUILÒ WRAY** stehen wie drei kulinarische Musketiere für Paco Pèrez in der deutschen Hauptstadt am Herd. Sie teilen sich die Verantwortung und die Freude am Job als Botschafter der gehobenen spanischen Küche in Berlin. Die avantgardistischen Kreationen des internationalen Teams vom Cinco spielen mit den Farben, den Texturen und der Sinnlichkeit der Zutaten. Verspielt, aber ohne Schnörkel.

MANGO

ZITRUSFRÜCHTE UND LEBKUCHEN

LEBKUCHEN
325G Waldblütenhonig
150G Vollmilch
250G Vollkornmehl
8G Backpulver
50G Mandelmehl
5G Ingwer
5G Sternanis
5G Zimt
5G Kardamom
1 Zitrone, Abrieb
1 Orange, Abrieb
50G Ei
Prise Salz

MANGOFLAN
250G Mangopüree
130G Zucker
100G Eigelb
240G Ei
40G Sahne
2G Gelatine

BLOODORANGENJELLY
160G Bloodorangejuice
40G Läuterzucker
1,5G Agar

MANDARINENJELLY
110G Mandarinensaft
40G Wasser
1G Gelatine

ORANGENSCHNEE
4 Orangen

MANGOSORBET
300G Mangopüree
250G Wasser
40G Glucose
3G Gelatine

LEBKUCHEN ≈ Waldblütenhonig in der Milch auflösen. Geriebene Schale einer Zitrone und einer Orange mit geriebenem Ingwer der Milch zufügen. Mehl, Backpulver, Salz und Mandelmehl mit den gemahlenen Gewürzen vermengen. Diese Mischung in der Küchenmaschine mit der Milch verühren. Zum Schluss ein Ei zufügen und kurz weiterkneten lassen.
Masse auf ein Backblech geben und 35 Min bei 170°C backen. Auskühlen lassen und im Thermomix zu Bröseln verarbeiten.

MANGOFLAN ≈ Sahne mit Mangopüree leicht erwärmen und Gelatine darin auflösen. Ei und Eigelb mit Zucker verschlagen. Mangopüree zu den Eiern zurühren. Die Masse in eine Flanform geben und mit Plastikfolie gut abdecken. Im Ofen bei 100°C ca. 30 Min. dämpfen. Überkühlen lassen und zu einer homogenen Masse vermixen.

BLOODORANGENJELLY ≈ Den Blutorangensaft auf 50°C erwärmen. Läuterzucker und Agar aufkochen und umgehend in den Blutorangensaft einrühren und in eine quadratische Form mit 12 cm Seitenlänge gießen. Erkalten lassen und in kleine Würfel schneiden.

MANDARINENJELLY ≈ Den Mandarinensaft auf 50°C erwärmen und die Gelatine darin auflösen. Wasser und Agar aufkochen und umgehend in den Mandarinensaft einrühren und in eine quadratische Form mit 12 cm Seitenlänge gießen. Erkalten lassen und in kleine Würfel schneiden.

ORANGENSCHNEE ≈ Orangen schälen und die Filets mit einem scharfen Messer auslösen. Diese in einen Pacojet-Becher geben und einfrieren. Wenn gefroren, einmal im Pacojet durchpürieren, dann nochmals einfrieren und kurz vor dem Anrichten im Pacojet bis zur Stufe 1 passieren, um den Orangenschnee zu erhalten.

MANGOSORBET ≈ Wasser mit Glucose erwärmen. Gelatine darin auflösen und das Mangopüree einrühren. Im Pacojet-Becher einfrieren. Kurz vor dem Anrichten im Pacojet durchlassen.

MANGOSPHÄRE ≈ Mangopüree und Glucolactat mit dem Zauberstab vermixen. In einer Silpatmatte in Halbkugelform einfrieren. Alginpulver mit Wasser 5 Min. mit dem Zauberstab vermixen. Danach 24 Stunden im Kühlschrank ziehen lassen. Auf Zimmertemperatur bringen und die Mangohalbkugeln darin 8 Min. lang auftauen lassen. Vorsichtig die Sphären mit einem Sieblöffel aus der Flüssigkeit heben und im Eiswasser kurz abwaschen. Danach in Mangosaft einlegen.

GRAPEFRUITBLÄTTER ≈ Grapefruitsaft im Rotationsverdampfer destilieren. Das Destilat umgehend mit Isomaltzucker vermixen. Dieser Läuterzucker wird dazu verwendet, die Oblaten zu bestreichen. Danach für 6 Stunden bei 50°C trocknen.
Diesen Blättern unter dem Salamander noch eine authentische Form geben.

MANGOSPHÄRE

100G Mangopüree
1,5G Glucolactat
5G Algin
1 L Wasser (calciumarm)

GRAPEFRUITBLÄTTER

500G Grapefruitsaft
100G Grapefruitdestilat
35G Isomaltzucker
12 Oblaten in Blattform

GRAPEFRUITSEGMENTE

1 Grapefruit

GRAPEFRUITSEGMENTE ≈ Grapefruit filetieren. Die Filets in Stickstoff eintauchen und warten bis diese gefroren sind. Die Filets in ein Tuch einwickeln und klein klopfen. Bevor die Segmente auftauen, in eine Box geben und einfrieren.

ANRICHTEN ≈ Zuerst den Mangoflan auf dem Teller verteilen, darauf eine Linie mit den Lebkuchenbröseln ziehen. Die beiden Jelly´s, jeweils 5 Stücke, auf dem Teller verteilen. Etwas frisch geschnittene Mango dazulegen. Eine Mangospäre seitlich anlegen. Danach zügig mit einer Nocke Mangosorbet, dem Orangenschnee und darüber die Grapefruitsegmente weiter anrichten. Zum Schluss die Grapefruitblätter in den Schnee stecken.

RESTAURANT

HORVÁTH

SEBASTIAN FRANK ist ein österreichischer Koch in Berlin. Das ist wunderbar. Denn seien wir mal ehrlich: was wäre Berlin ohne österreichische Köche? Ein traurigerer Ort, ganz bestimmt. Sebastian Frank, der junge Sternekoch mit dem verschmitzten Lächeln, sieht sich durchaus in der kulinarischen Tradition seines Heimatlandes. Gleichzeitig aber macht er sich auf den Weg und sucht das Neue, das Unbekannte, das Unentdeckte. Für seinen unnachahmlichen Stil hat er das alles gefunden und zwar im Einfachen. Luxusprodukte braucht er nicht. Luxus liegt für ihn in der Qualität der Zutaten, in der Frische, im vollen Geschmack und in der ungewöhnlichen Kombination der Aromen. Ein Dessert muss für ihn nicht klassisch süß sein und er spielt auch hier gerne mit seinem Faible für Gemüse und Röstaromen. Ungewöhnlich für einen Österreicher? Ungewöhnlich vielleicht, aber auch sehr, sehr gut!

QUITTE - BÜFFELMILCH
PETERSILIENSORBET
SENFSAAT-BERGKÄSERINDENÖL

QUITTEN
- **12** Quitten
- **1 EL** Butter
- **1** Prise Salz

PETERSILIENSORBET
- **600G** Blattpetersilie
- **10 ML** Gin
- **50G** Glucose
- **150 ML** Wasser
- **50G** Zucker
- **1 MSP.** Zitronenabrieb

SENFSAAT
- **50G** braune Senfsaat
- **50 ML** Senföl
- Salz

ZITRONENZESTEN
- **1** Zitrone (unbehandelte Schale)
- **10G** Gelierzucker 1:2

BERGKÄSERINDENÖL
- **100G** 24 Monate gereifte Bergkäserinde
- **80 ML** neutrales Öl
- Salz

BÜFFELMILCH
- **1 L** Büffelmilch
- **2 EL** brauner Zucker

QUITTE IM EIGENEN SUD ≈ 10 Quitten in grobe Stücke schneiden, mit 5 l Wasser bedecken und ca. für 4 Std. köcheln lassen. Den Sud abseihen und auf 200 ml einkochen. Die verbliebenen Quitten schälen, entkernen, in eine beliebige Form schneiden, im Sud weich schmoren und mit der Butter glasieren. Mit einer Prise Salz würzen.

PETERSILIENSORBET ≈ 400g Blattpetersilie blanchieren und abschrecken. Die blanchierte Petersilie mit der Verbliebenen und den restlichen Zutaten im Standmixer feinst pürieren. Die Masse nun in einer Eismaschine zu Sorbet frieren. Falls keine Eismaschine zur Hand ist, die Petersiliensorbetmasse in einer Metallschale im Tiefkühler unter regelmäßigem rühren frieren.

GERÖSTETE SENFSAAT ≈ Die Senfsaat in einer Pfanne dunkel rösten, salzen und mit dem Senföl mischen.

ZITRONENZESTEN ≈ Die Zitrone schälen und feine Zesten schneiden.
Die Zesten dreimal in Wasser kurz blanchieren und abschrecken.
Die restliche Zitrone entsaften, mit dem Gelierzucker aufkochen und die Zesten darin einlegen.

BERGKÄSERINDENÖL ≈ Das Öl auf ca. 60°C erhitzen und mit der kleingeschnittenen Bergkäserinde für 24h ziehen lassen. Das Öl abseihen und leicht salzen.

REDUZIERTE BÜFFELMILCH ≈ Die Büffelmilch unter stetem rühren auf 100ml einreduzieren, glatt mixen und mit dem braunen Zucker verrühren.

GARNITUR ≈ Frittierte Petersilie

FOOD ART

IDA FROSK

Der Schrei. **IDA FROSK** erlaubt sich etwas, wovon viele nur träumen können: Sie darf hemmungslos mit dem Essen auf ihrem Teller spielen! Und jetzt ist sie berühmt. Wie konnte es nur dazu kommen? Es geschah in Oslo vor wenigen Jahren, als eine junge Norwegerin namens Ida Skivenes beschloss Vegetarierin zu werden. Um ihre Frühstücksbrote mit Obst und Gemüse etwas aufzupeppen, fing sie an damit zu basteln. Die ersten Brote in Form von einem Fuchs und einem Bären stellte sie unter ihrem neuen Künstlernamen Ida Frosk ins Internet. Das Internet mochte die Brote. Das Internet wollte mehr schöne Brote sehen. Seitdem hat Ida Skivenes täglich ein neues Brot-Motiv geschnitzt und fotografiert. Es gibt Weihnachtsbrote, Blumenbrote, Märchenbrote, Tierbrote und Kunstbrote. Mittlerweile hat Ida Frosk ein schönes Buch herausgebracht, ist nach Berlin gezogen und hat viele Fans auf der ganzen Welt, die sie alle dafür bewundern, dass sie so schön mit dem Essen spielt.

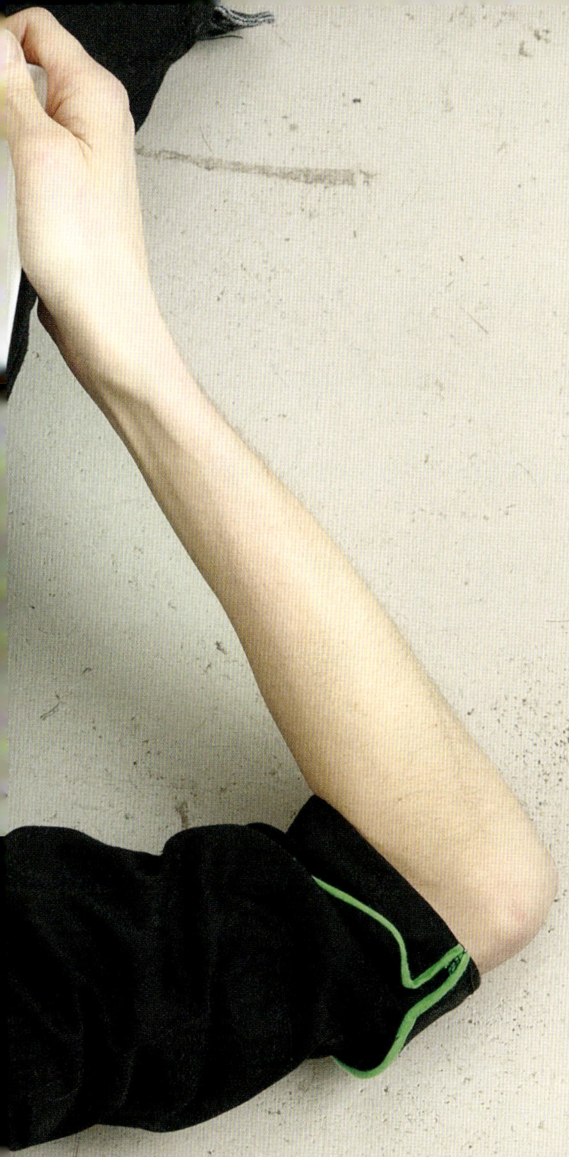

BORIS LAUSER

B.ALIVE!

BORIS LAUSER, b.alive! Berlins berühmtester Raw Food Chef begeistert seine Fans bei seinen Dinner-Club-Abenden, in Workshops und bei Yoga Retreats. So manchen Skeptiker hat er hier überzeugt, es doch einfach mal auszuprobieren und den Ofen in Zukunft kalt zu lassen. Denn Boris Lauser ist ein Verfechter der Gourmet-Rohkost, d.h. alle Zutaten einer Speise werden roh verarbeitet bzw. bis maximal 42 Grad erhitzt. „Ab 42 Grad gehen viele Vitamine und Mineralstoffe verloren", erklärt er, „deswegen ist Rohkost gesünder und lebendiger. Unser Körper profitiert mehr davon." Ein Rohköstler muss auf gute Süßigkeiten selbstverständlich nicht verzichten. Die Tonka Cupcakes von Boris Lauser brauchen den Ofen einfach nicht.

KOKOSBLÜTEN

TONKA CUPCAKES

MIT GOJI ARONIA KÄSEKRONE

30 Cupcakes

CUPCAKES

120G Nusstrester (Rest der Nussmilchherstellung, siehe Haselnuss Lucuma Milch, Seite 175)
70G Kulau Kokosmehl
50G Kastanienmehl
120G Kulau Kokosblütenzucker
125G Cashews, nicht eingeweicht
75G Kokosraspeln
80 ML Kulau Kokosöl
45G Honig
2 TL Vanillepulver
½ kleine Tonkabohne, fein gerieben
½ TL Zimt
¼ TL Salz

TOPPING

180 ML Probiotischer Cashew Frischkäse
90 ML Kulau Kokosöl
20G Goji Beeren
10G Aronia Beeren
15G Kulau Kokosblütenzucker
1 TL Baobab
1 TL Zitronensaft
1 TL Honig

VERZIERUNG

10G Aronia Beeren
10G Goji Beeren
1 EL Kokoksmehl

GERÄTE

Hochleistungsmixer

CUPCAKES ≈ Für die Cupcakes den Nusstrester, Kokosmehl und Kastanienmehl ggf. durch ein Sieb sieben (um Klumpen zu vermeiden) und in eine Schüssel geben. Kokosblütenzucker im Hochleistungsmixer pulverisieren und zugeben. Cashews und Kokosraspel im Hochleistungsmixer zunächst bei niederer und dann wachsend hoher Stufe so lange verarbeiten, bis eine Butter entsteht. Dabei immer mal wieder die Seiten mit einem Spatel nach unten schaben.

Das Kokosöl im Wasserbad oder Dörrofen leicht erwärmen, so dass es flüssig wird und zusammen mit den anderen Zutaten in die Schüssel geben. Mit den Händen gut vermengen, so dass ein formbarer Teig entsteht. Mit den Händen kleine Cupcakes formen und auf ein Dörrgitter setzen. Bei 42°C ca. 8 Stunden trocknen, so dass sie aussen eine trockene Kruste bekommen und innen noch weich sind.

TIPP ≈ Am besten schmecken sie frisch und saftig aus dem Dörrofen.

TOPPING ≈ Für die Creme alle Zutaten im Hochleistungsmixer gut pürieren und vor dem Verzieren kalt stellen so dass sie etwas hart wird. In einen Spritzbeutel füllen und damit die Cupcakes verzieren. Mit Kokosmehl bestäuben und mit Blüten, Aronia und Goji Beeren verziehen.

BLUTWURSTPRALINE

- **1** kleiner aromatischer Kürbis z.B. Butternut oder Hokkaido
- **6** Blatt Gelatine
- **1** Vanilleschote
- **200G** Rohrohrzucker
- **2** dicke Schalotten
- **25G** frische Blutwurst
- **80G** Rosinen in Whisky eingeweicht
- **250G** sehr dunkle Kuvertüre

KÜRBIS ≈ Kürbis schälen, entkernen und grob würfeln. Mit etwas Wasser sanft andünsten, bis er von alleine zerfällt. Kürbis in ein feines Sieb geben und abtropfen lassen. Kürbiswasser auffangen. Weichen Kürbis zurück in den Topf geben, sanft erhitzen und mit 100g Zucker und dem ausgekratzten Inneren der Vanilleschote fein pürieren. Es sollte ca. 300g Kürbispüree vorhanden sein. Gelatine in kaltem Wasser einweichen und in einem Topf bei kleiner Hitze in dem Kürbiswasser auflösen. Etwas Kürbispüree zur Gelatine geben und gut mischen. Dann diese Masse zurück ins warme Kürbispüree geben und gut unterrühren. In eine mit Frischhaltefolie ausgelegte passende viereckige Form streichen und kalt und fest werden lassen.

BLUTWURST ≈ Schalotten schälen und fein würfeln. 100g Zucker in einem Topf heiß werden lassen und hellbraun karamellisieren. Schalotten dazugeben und gut verrühren. Die Schalotten in dem Karamell weich werden lassen. Die Pelle von der Blutwurst abmachen, Wurst in Würfel schneiden und zu dem Zwiebelkaramell geben. Erhitzen, bis sich die Blutwurst aufgelöst hat und komplett mit dem Karamell vermischt ist. Whiskyrosinen dazugeben, verrühren und die Blutwurstmasse in eine mit Frischhaltefolie ausgelegte viereckige Form in der selben Größe wie die für das Kürbispüree benutzte streichen und kalt und fest werden lassen.

Blutwurstmasse mit der Folie aus der Form heben und mit der Folienseite nach oben auf das harte Kürbisgelee geben. Leicht anpressen sodass sich beide Schichten verbinden. Aus der Form nehmen, Folien entfernen, Ränder begradigen und in 3x3 cm große Quadrate schneiden. Kuvertüre im Wasserbad schmelzen. Blutwurstquadrate mit der flüssigen Schokolade bepinseln.

SPEISENCLUB
NEUKÖLLN

Der Speisenklub Neukölln ist **CATHRIN BRANDES** kreative Spielwiese. Ihre eigenwilligen Kreationen bringen die Gäste der ausgefallenen Dinnerabende vom Speisenklub Neukölln schon mal an den Rand ihrer kulinarischen Schmerzgrenze. Klub für kulinarisch Versessene nennt die Food-Bloggerin und Autorin die Abende, die sie zusammen mit dem Künstler Thomas Greb seit 2011 inszeniert. Seine unkonventionell mutigen Raum- und Tischinstallationen ergänzen ihren hemmungslosen Kochstil perfekt. Dabei finden beide, dass Perfektion für die Kreativität eher hinderlich ist. Brüche, Ecken und Kanten sind immer Teil des Konzepts und machen aus jedem ihrer Klubabende eine unnachahmliche Erfahrung zwischen Kunst und Kulinarik.

ARTISAN CHOCOLATERIE

BELYZIUM

KLAUS BOESL & FLORIAN SCHÜLKE. From tree to bar ist der allerneueste Trend in Sachen Schokolade. Wenn vom Anbau bis hin zum Verkauf der Schokolade alle Arbeitsschritte in der Hand eines nachhaltig agierenden Unternehmens liegen, kann das für die Natur, den Produzenten und den Verbraucher viele Vorteile bringen. Schonender Anbau. Größere Wertschöpfung. Mehr Qualität. Die Geschäftspartner von Belyzium hatten genau das im Sinn, als sie die Schokoladenmanufaktur gegründet haben. Einen Großteil ihres Kakaos, eine einzigartige Sorte, gekreuzt aus Criollo und Trinidad, bauen sie in Belize selbst an. In Berlin wird er in kleinen Chargen von Hand weiterverarbeitet, es entstehen Tafeln mit 78 bis 100 Prozent Kakaoanteil, wenig gesüßt, fein aromatisiert mit Salz, Pfeffer oder Kaffee. Aus den Kakaobohnenschalen wird Tee gemacht, sein Duft durchzieht die kleine Manufaktur in Mitte. Entschleunigung pur!

WEISSTANNEN- UND ROSENHOLZTRÜFFEL

RUPRECHTS RAST

	TRÜFFEL
225G	Schokolade (78-83% Kakaoanteil)
150 ML	Reismilch
50 ML	Kakaoschalenreduktion (eingekochter Aufguss der Kakaoschalen)
12G	Rübenzucker oder Rohrzucker
	Tannennadeln
15 ML	Walnussöl für Weißtannentrüffel oder
15 ML	Hanföl für Rosenholztrüffel
1	Prise Salz
1-3	Tropfen Weißtannenöl oder
1-3	Tropfen Rosenholzöl

TRÜFFEL ≈ Kakaoschalen einkochen bis die Reduktion intensiv nach Kakao riecht. Reismilch, Zucker, Salz und Tannennadeln in einem Topf erhitzen. Von der Hitze nehmen und abkühlen lassen, durch ein Sieb geben. Flüssigkeit wieder in einen sauberen Topf geben, aufköcheln lassen und Kakaoschalenreduktion hinzufügen. Flüssigkeit über die Schokolade geben und für 3-5 Minuten abkühlen lassen. Je nach Trüffelvariante das Öl zugeben und verrühren: 15 ml Walnussöl und 1-3 Tropfen Weißtannenöl oder 15 ml Hanföl und 1-3 Tropfen Rosenholzöl. Die Konsistenz der Masse überprüfen: Einen Löffel in die Masse tunken und für 10-15 Minuten bei Raumtemperatur abkühlen lassen; ist das Ergebnis zu fest, weitere Reduktion oder Reismilch einrühren, bis die Konsistenz der Masse für das Rollen von Kugeln geeignet ist. In nicht-alkalisiertem Kakaopulver pudern. (Inspiriert von Robert Terziev)

	PFLAUMEN
	Trockenpflaumen
	Portwein, Kakao-Rum, Whisky
300G	Schokolade, 86-100%

ALKOHOLISIERTE PFLAUMEN ≈ Getrocknete Pflaumen auf dem Boden eines verschließbaren Behälters verteilen und mit rotem Portwein und Kakao-Rum so weit auffüllen, dass die Pflaumen zu einem Fünftel in der Flüssigkeit liegen. Verschließen und über Nacht kühl stellen. Danach die Konsistenz und Alkoholsättigung der Pflaumen überprüfen, und bei Bedarf noch Flüssigkeit hinzugeben. (Eine besondere Variante kann man mit dem „Uigeadail" Whisky von Ardbeg erzeugen: Das torfig-rauchige Aroma des Whiskys passt vorzüglich zu der Schokoladen-Pflaumen-Kombination.) Die Pflaumen äußerlich trocken tupfen. 300g 86-100% ige Schokolade schmelzen. Die Pflaumen einzeln mit Schokolade überziehen und abkühlen lassen, kühl aufbewahren.

SANDDORN-JOGHURT-
KAROTTE

1 L Sanddornsaft
1 L Karottensaft
1 Karotte mit Grün
250G Joghurt, stichfest, 10%
1 EL gepuffte Dinkelkörner
1 TL Agar Agar

4 Eiweiß
6 Eigelb
50G Zucker
60G Mehl

GERÄTE
Pacojet
iSi Siphon
Mikrowelle

ZUBEREITUNG ≈ Von dem Sanddornsaft und dem Karottensaft 500 ml in einen Pacojetbecher gießen und dann 24 Stunden durchfrieren lassen. Die restlichen 500 ml von dem Sanddornsaft in einen Topf geben und aufkochen. Anschließend das Agar Agar einrühren und kalt stellen bis es geliert. Danach das Gelee mit einem Mixstab glatt mixen und in eine Spritzflasche abfüllen. Ein paar schöne Blätter von dem Karottengrün abzupfen und waschen. Die Karotte schälen und hauchdünn längs hobeln. Die Scheiben in dem Karottensaft etwas marinieren. Den Joghurt aufschlagen und danach in einen Spritzbeutel füllen.

Für den Spongecake das Eiweiß, Eigelb, den Zucker, das Mehl und 120 ml Karottensaft in einer Schale zu einer schaumigen Masse schlagen. Dann in einen iSi Siphon füllen und mit zwei Kapseln bestücken. Gut durchschütteln und anschließend etwas von der Masse in einen Plastikbecher sprühen (ungefähr halb voll). Den Plastikbecher in die Mikrowelle stellen und bei der höchsten Stufe ca. 50 Sekunden hoch backen. Etwas auskühlen lassen und dann mit einem scharfen Gegenstand den Spongecake aus dem Becher hebeln.

ANRICHTEN ≈ Etwas von den gepufften Dinkelkörnern in die Mitte des Tellers geben. Außen herum ein paar Tupfer von dem Sanddorngelee und dazwischen jeweils ein wenig von dem Joghurt spritzen. Die Karottenstreifen rundherum zu einem Kranz verteilen. Den Spongecake zerrupfen und 4-5 Stücken in den Kranz setzen. Die Karottenblätter in das Gelee stecken und zum Schluss eine Kugel von dem Sanddorn-Karottensorbet in die Mitte auf die Dinkelpuffys setzen.

KRISTOF MULACK hat sich entschieden. Statt Krawatte trägt er lieber seine Kochjacke und statt Versicherungen zu verkaufen schwingt er lieber den Kochlöffel und wetzt die Messer. Die kulinarische Szene Berlins hat er im Sturm erobert, dank exklusiver Dinner mit Zutaten, die er als radikal regional bezeichnet. Die Dinnerabende waren schnell ausgebucht und die Kritiker voll des Lobes. Wenn man ihn fragt, was er als die Quintessenz seines Stils bezeichnen würde, dann hat Kristof Mulack die Antwort schnell parat: extrem regionale Zutat, extrem überraschende Präsentation, extrem starker Geschmack.

RADIKAL REGIONAL BERLIN

KRISTOF MULACK

KAFFEEMANUFAKTUR

ANDRASCHKO

"Als Kaffeehauswiener könnte man uns in unserem Ursprung bezeichnen. In unseren Augen ist das Kaffeehaus das kulturelle Großformat, das nach einem ebenso großformatigen Kaffee verlangt. Die Wiener Kaffeehaustradition, die historisch mit einer gehörigen Portion "Italianità" beschenkt wurde, hat unsere Vorstellung davon geprägt, wie Rohkaffee behandelt werden sollte. Ebenso inspirierend ist für uns die neue Generation der Kaffeeröster. Ihnen verdanken wir das Bewusstsein, dass wir uns aktiv um Qualität bemühen müssen – indem wir besondere Kaffeebauern finden, mit ihnen kooperieren und sie motivieren, weiterhin singuläre Spitzenkaffees anzubauen."

Elisabeth und Willy Andraschko

FEB 26
THU
ANDRASCHKO

ANDRASCHKO
KAFFEEMANUFAKTUR BERLIN
ANDRASCHKO

ANDRASCHKO
KAFFEE MANUFAKTUR
ANDRASCHKO
KAFFEE MANUFAKTUR

BOURBON
SPECIALTY COFFEES
SANTA ALINA FARM
YELLOW CATUAI
PULPED NATURAL
SPECIALLY PREPARED
FOR
ANDRASCHKO
KAFFEEMANUFAKTUR BERLIN
Specially Prepared for Andraschko
002 / 454 - 2 / 0675

2012 KIEDRICH GRÄFENBERG
RIESLING AUSLESE, WEINGUT ROBERT WEIL, KIEDRICH IM RHEINGAU

Süßwein mit niedrigem Alkoholgehalt und markantem Süße-Säure-Spiel. Hochkonzentrierter Wein aus einem Guß, mit hoher Reife, üppiger Süße, feinster Apfel-Frucht und generöser Säure, enorm reintönig und klar, mächtig UND fein, die magische Balance!

2011 CUVÉE BEERENAUSLESE
WEINLAUBENHOF KRACHER, ILLMITZ / BURGENLAND
REBSORTEN: CHARDONNAY, WELSCHRIESLING

Süßwein mit „normalem" Alkoholgehalt, Botrytis-geprägt. Konzentrierte Trockenfrucht-Aromen, markante Süße bei angenehmer Säure, feiner Botrytis-Ton – der Süßwein für fast jede Gelegenheit und, aufgrund seines günstigen Preises, auch für jeden Tag!

CHAMPAGNE GONET-MÉDEVILLE ROSÉ EXTRA BRUT
REBSORTEN: 70% CHARDONNAY, 30% PINOT NOIR

Helles Lachsrosa, feines Perlen, kräftige Struktur, frisches Mundgefühl. Die Kohlensäure schlägt die Brücke zum Teller – der Rest ist Lebenseinstellung!

2003 WEHLENER SONNENUHR
RIESLING AUSLESE, JOH. JOS. PRÜM, WEHLEN / MOSEL

Süßwein mit niedrigem Alkoholgehalt und markantem Süße-Säure-Spiel. Perfekte Balance aus köstlicher Fruchtsüße, zarter Säure und intensiver Schiefer Mineralität – großer Wein! Ein Konzentrat aus dem Jahrhundertsommer - immer noch jugendlich frisch!

2010 BANYULS AC «CIRERA»
VIN DOUX NATUREL, DOMAINE MADELOC, ROUSSILLON, REBSORTE: GRENACHE

Süßwein mit erhöhtem Alkoholgehalt. Köstlich konzentrierte, an Port erinnernde Frucht und Fülle (Kirsche, süße dunkle Beeren, Pflaume); perfekt zu orientalisch gewürzten Gerichten und zu schokoladigen Desserts ! Übrigens: der Name Cirera ist das katalanische Wort für Kirsche!

2000 CHÂTEAU SAINT-AMAND
SAUTERNES AC, BORDEAUX
REBSORTEN: SAUVIGNON BLANC 14%, SEMILLON 84%, MUSCADELLE 2%

Süßwein mit „normalem" Alkoholgehalt, Botrytis-geprägt. Ein üppiger, würziger Wein, mit den verführerischen Düften von getrockneten Aprikosen, Safran und Vanille; wundervoll gereift, ein Wein so sinnlich wie Chanel No. 5!

GEORG MAUER ist im Rheingau aufgewachsen und zwar im Langwerth von Simmerschen Weingut in Eltville. Mehr muss man eigentlich gar nicht sagen, um die Berufung und das Qualitätsbewusstsein einer der führenden Weinhändler Berlins zu verdeutlichen. Seit über 30 Jahren ist die Wein & Glas Compagnie in Berlin präsent und versorgt Weinliebhaber und Gastronomen mit individuell kuratierten Spitzenweinen. Die Wein & Glas Compagnie ist aber mehr als nur eine Weinhandlung! In den Verkaufs- und Workshopräumen in der Prinzregentenstraße geben sich die besten Winzer und interessantesten Weinpersönlichkeiten die Klinke in die Hand. Hier wird das Glas geschwenkt, der Inhalt probiert und diskutiert. Jahrgang für Jahrgang, Lage für Lage. Immer ein Genuss.

WEIN & GLAS

DIE DEALER

MARTIN HESSE

Dieses Kapitel ist das El Dorado für Liebhaber der guten Süßigkeiten. Der Süßkramdealer Martin Hesse hat seine untrügliche Spürnase für uns eingesetzt und nimmt uns mit, auf seine ganz persönliche Trüffelsuche durch Berlin. Seine Fundstücke: vom Süßen nur das Beste des Feinsten!

SÜSSKRAMDEALER

MARTIN HESSE

Es gibt einfache Süßwarenhändler und dann gibt es die echten Süßkramdealer. **MARTIN HESSE** ist definitiv letzteres. Er betreibt einen Laden zum Dahinschmelzen, zum Süchtigwerden und zum Niewiederwegwollen. Die wunderbare historische Einrichtung des ehemaligen Zigarrenladens und des modernen Kaffeehausraums und das unglaubliche Angebot an handgemachtem Konfekt, edlen Schokoladen, buttrigem Gebäck und frischen Kuchen sind das Paradies für Liebhaber der guten Süßigkeit. Egal ob Karamelle oder Konfitüre, ob Praline oder Petit Fours: Der Süßkramdealer kennt seine Ware und dealt von ganzem Herzen. Als Martin Hesse 2005 den historischen Zigarrenladen in Friedenau entdeckte, war es um ihn geschehen. Er mietete ihn, putzte ihn heraus und füllte ihn an mit den besten süßen Sachen, die er finden konnte. Ein Laden zum Träumen, zum Naschen und zum Immerwiederhinmüssen.

KONDITOREI

DU BONHEUR

STEPHAN ZUBER & ANNA PLAGENS. Mon dieu! Sie ist zurück. Die französische Pâtisserie erlebt eine Renaissance. Etwas irritiert erwacht sie aus ihrem Dornröschenschlaf: "Was habt ihr nur so lange ohne mich gemacht?" Indigniert schüttelt die Patisserie den Staub ab und marschiert zurück auf die Bühne ins kulinarische Rampenlicht. Im Du Bonheur zeigt sie sich von ihrer glänzenden Seite, perfekt inszeniert von der Konditorin Anna Plagens, die in Paris durch die anspruchsvolle Schule eines Großmeisters der Pâtisserie gegangen ist. Zusammen mit ihrem Geschäftspartner Stephan Zuber, der mal Küchenchef des „Uma" im Adlon war, zündet sie in der kleinen Konditorei am Weddinger Rand von Mitte ein tägliches Feuerwerk französischer Köstlichkeiten. Macarons, Petit Fours, Croissants, Tartes und Cannelés zieren die elegante Auslage. Und dann ist da noch dieses kleine unscheinbare bretonische Buttergebäck mit dem komplizierten Namen Kouign Amann, das zartschmelzend buttrig im Inneren, außen mit einer leicht karamellisierten Kruste aufwarten kann. Beim reinbeissen spürt man sofort, was der Name Du Bonheur verheißt: pures Glück.

Dieses Rezept ist relativ aufwändig, da es aus 4 Unterrezepten besteht. Allerdings lässt sich alles, bis auf den finalen Backvorgang und die Meringue, 1-2 Tage im Voraus zubereiten. Die Tarte kann auch sehr gut mit Rhabarber gefüllt werden oder mit anderen Früchten (Aprikosen, Kirschen, Zwetschgen) – dann aber die Meringue weglassen, damit es nicht zu süß wird. Die, die kein Zuckerthermometer besitzen, können auch eine französische Meringue machen, indem sie das Eiweiß mit 100g Zucker aufschlagen und dann 100g gesiebten Puderzucker unterziehen. **VIEL ERFOLG!**

RIBISLTORTE

2 Tartes 20–22 cm
o. 16 Stücke

MÜRBETEIG

200G	weiche Butter
125G	Puderzucker
40G	Mandelmehl
1 MSP.	Vanille
2G	Steinsalz
80G	Ei
335G	Mehl

MANDELCREME

50G	weiche Butter
50G	Puderzucker
50G	Mandelmehl
5G	Maisstärke
30G	Ei
80G	Vanillepudding

FLAN À TARTE

150G	Milch
250G	Sahne
40G	Eigelb (=2)
100G	Ei
50G	Zucker
25G	Maisstärke
4G	Vanille
280G	Johannisbeeren
1 EL	Rohrzucker

MERINGUE

100G	Eiweiß
50G	Wasser
200G	Zucker

MÜRBETEIG ≈ (am besten am Vortag zubereiten) Die Butter im Rührkessel mit einem Teigblatt glattrühren. Den gesiebten Puderzucker, das Mandelmehl und die Gewürze unterrühren. Dann peu à peu das Ei hinzugeben und zuletzt das Mehl. Sobald eine homogene Masse entstanden ist, den Teig aus dem Kessel nehmen, etwas flachdrücken, in Frischhaltefolie wickeln und für mindestens 2 Stunden oder über Nacht in den Kühlschrank legen.

MANDELCREME ≈ Butter, gesiebten Puderzucker und Mandelmehl im Rührkessel mit einem Teigblatt glattrühren. Stärke mit dem Ei und dem fertigen Vanillepudding glattrühren und mit in den Rührkessel geben. Wenn die Creme homogen ist, in eine kleine Tupperbox abfüllen und verschlossen im Kühlschrank aufbewahren.
Den Mürbeteig am nächsten Tag auf etwas Mehl ca. 3 mm dick ausrollen (eventuell nochmals kühlstellen) und zwei gebutterte Tarteformen von 20-22cm Durchmesser damit auslegen. Die überstehenden Ränder abschneiden und mit einer Gabel vorsichtig stippen. Erneut kühlstellen bis der Teig wieder fest ist und mit einem passenden Backpapier und Hülsenfrüchten auslegen. Bei ca. 160°C für 25 Minuten vorbacken. Die Hülsenfrüchte herausnehmen und noch ca. 10 Minuten weiterbacken bis der Boden ganz leicht gebräunt ist.

FLAN À TARTE ≈ Mit den Trockenzutaten beginnend, alle Zutaten verrühren.
Die abgekühlten Mürbeteigböden mit einer dünnen Schicht Mandelcreme bestreichen. Mit 280g (Tiefkühl-) Johannisbeeren garnieren und diese mit einem Esslöffel Rohrzucker bestreuen. Den Flan nochmals durchrühren und vorsichtig bis 1mm unter den Rand angießen.
Im vorgeheizten Ofen bei 180°C ungefähr 30 Minuten backen - bis die Füllung leicht gebräunt, aber bevor alle Johannisbeeren geplatzt sind. Komplett auskühlen lassen, um die Tarte aus der Form heben zu können.

MERINGUE ITALIENNE ≈ Das Eiweiß im Rührkessel mit dem Schneebesen auf höchster Geschwindigkeit aufschlagen. Parallel in einem kleinen Topf den Zucker mit dem Wasser zum Kochen bringen. Bei 120°C (Zuckerthermometer) den heißen Zuckersirup vorsichtig über den Kesselrand in das Eiweiß laufen lassen und weiterschlagen bis die Meringue einigermaßen abgekühlt ist und das Eiweiß feste Spitzen formt. Meringue in einen Dressierbeutel mit Sterntülle füllen und auf die ganze oder bereits geschnittene Tarte ein Flechtmuster (oder einfach Tupfen) dressieren. Mit einem Gasbrenner vorsichtig abflämmen oder ganz kurz unter den voll aufgeheizten Backofengrill stellen. Dabeibleiben bis die gewünschte Farbe erreicht ist!

Nach Wunsch mit frischen Johannisbeeren dekorieren.

CAFÉ

MAÎTRE MÜNCH

GERHARD MÜNCH & SIEGBERT MAIER. Gerhard Münch war 1969 zum ersten mal in Berlin. Damals hat der frisch gebackene Konditor im KaDeWe Kuchen, Torten und Törtchen gebacken. Jetzt ist er seit 2013 wieder in der Hauptstadt. Kurzer Hand hat er sein gut gehendes Café Maître Münch aus Heilbronn nach Berlin-Charlottenburg verlegt und hat sich damit einen lang gehegten Wunsch erfüllt. Im Berliner Café Maître Münch backt er nun zusammen mit Partner Siegbert Maier Kuchen, Torten und Törtchen, denen keiner widerstehen kann. Die köstlichen Beeren-Tartes mit ihren mürben Mandelböden haben inzwischen genauso viele Berliner Fans wie der hausgemachte Apfelstrudel oder die cremegefüllten Eclairs. Kein Wunder, dass die treuen Heilbronner Fans bei einem Berlin Besuch auch immer einen Abstecher ins Café Maître Münch einplanen.

ZIMTSTERNE

TEIG

150G	Nüsse, gemahlen
75G	Mandeln, gemahlen
300G	Marzipan
20G	Zimt
30G	Eiweiß

GLASUR

50G	Eiweiß
50G	Puderzucker

TEIG ≈ Alle Zutaten gut zusammen durchkneten und über Nacht bei ca. 5°C kaltstellen. Am nächsten Tag den Teig auf einer Arbeitsplatte ca. 1,5 cm dick ausrollen.

GLASUR ≈ Eiweiß mit dem Puderzucker aufschlagen und die Masse auf den ausgerollten Teig streichen.

Nun erst die Sterne ausstechen, auf ein mit Backpapier ausgelegtes Backblech legen und bei 180°C für ca. 10 Minuten backen.

HIMBEERTARTE

MÜRBETEIG

200G	Mehl
100G	Butter
50G	Zucker
	Vanillemark
	Zitronenabrieb

MANDELMASSE

200G	Mandeln, gerieben oder Mandelgries
5	Eier
125G	Zucker

Himbeergelee
frische Himbeeren

MÜRBETEIG ≈ Alle Zutaten gut zusammen durchkneten und ein paar Stunden kaltstellen. Danach in der 26er Springform ca. 1 cm dick ausrollen.

MANDELMASSE ≈ Mandel, Eier und Zucker solange miteinander verrühren bis das Fett aus den Mandeln austritt und die Masse fast wie Butter aussieht. Mandelmasse nun auf den Mürbeteigboden streichen und für ca. 15 Min. bei 180°C hart backen.

Nach dem Auskühlen den Boden mit Himbeergelee bestreichen, mit frischen Himbeeren belegen und mit warmem Himbeergelee abglänzen.

TIPP ≈ Bei einer glutenfreien Variante der Tarte einfach nur die Mandelmasse als Boden nehmen.

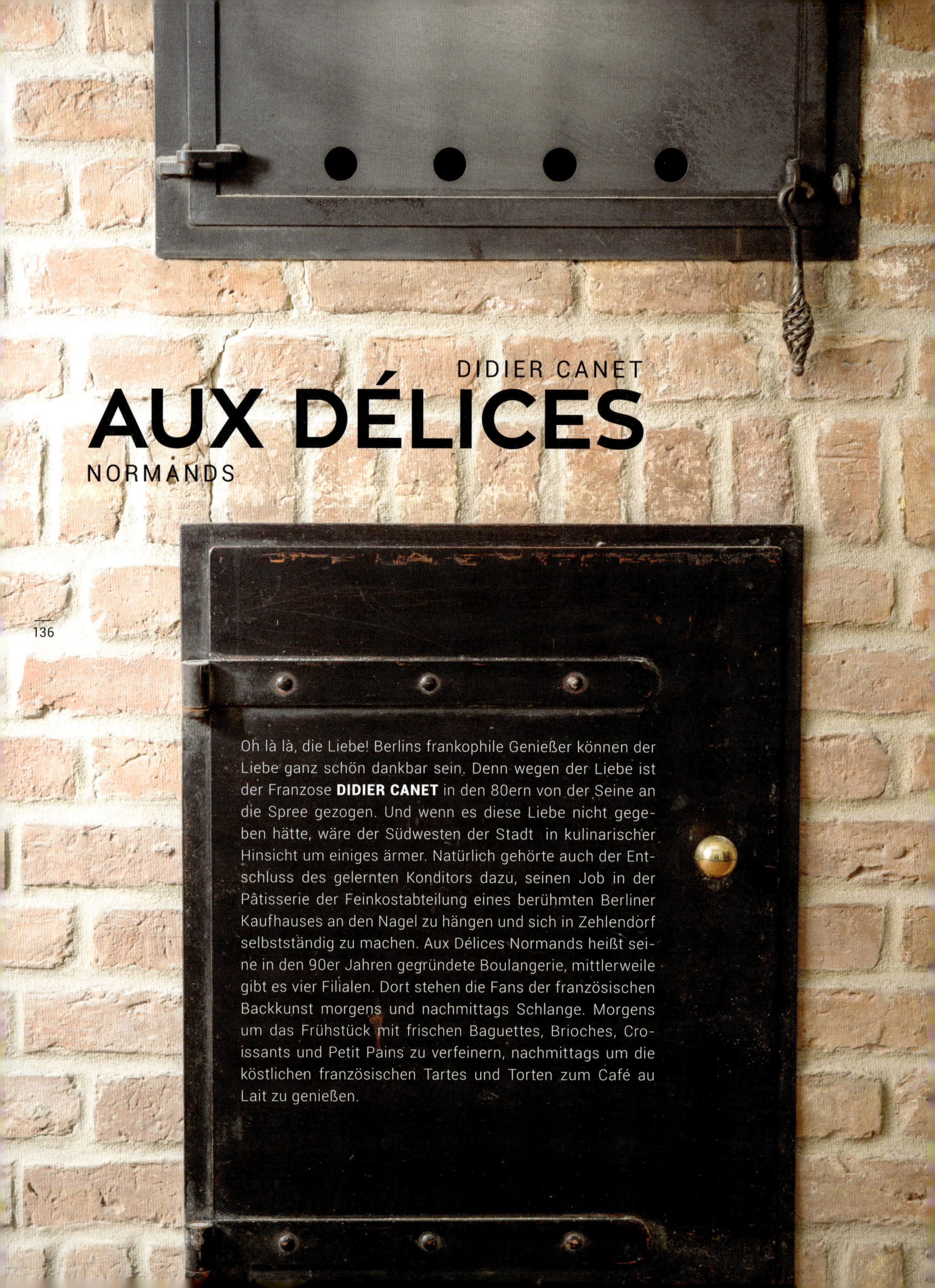

DIDIER CANET

AUX DÉLICES NORMANDS

Oh là là, die Liebe! Berlins frankophile Genießer können der Liebe ganz schön dankbar sein. Denn wegen der Liebe ist der Franzose **DIDIER CANET** in den 80ern von der Seine an die Spree gezogen. Und wenn es diese Liebe nicht gegeben hätte, wäre der Südwesten der Stadt in kulinarischer Hinsicht um einiges ärmer. Natürlich gehörte auch der Entschluss des gelernten Konditors dazu, seinen Job in der Pâtisserie der Feinkostabteilung eines berühmten Berliner Kaufhauses an den Nagel zu hängen und sich in Zehlendorf selbstständig zu machen. Aux Délices Normands heißt seine in den 90er Jahren gegründete Boulangerie, mittlerweile gibt es vier Filialen. Dort stehen die Fans der französischen Backkunst morgens und nachmittags Schlange. Morgens um das Frühstück mit frischen Baguettes, Brioches, Croissants und Petit Pains zu verfeinern, nachmittags um die köstlichen französischen Tartes und Torten zum Café au Lait zu genießen.

AUX DÉLICES

NORMANDS

1	Bisquitboden (Wienermasse)
250G	Milch
60G	Zucker
1	kleines Stück Vanilleschote
8G	Eigelb
8G	Gelatine
220G	geschlagene Sahne
12G	Calvados
2	Äpfel
	etwas Butter
	Calvados
	Aprikosenkonfitüre
	Apfelspalten

BAYRISCH CREME ≈ Milch mit der Vanillemark/-schote und 20g Zucker aufkochen. Die Schote wieder herausnehmen. Die Gelatine in Wasser einweichen. In einer Schüssel Eigelb mit 40g Zucker schaumig schlagen. Nun die Eigelb-Zuckermasse über ein heißes Wasserbad stellen und zusammen mit der Vanillemilch rühren und dabei bis 82°C erhitzen - solange schlagen bis eine Creme entsteht. Die Masse sofort in ein kaltes Gefäß oder die Schüssel in Eiswasser geben, weiter rühren und die eingeweichte Gelatine sowie den Calvados dazugeben. Zur Seite stellen, auf ca. 26°C abkühlen lassen und dann die geschlagene Sahne unterheben.

ÄPFEL ≈ Die Äpfel schälen, in Würfel schneiden, in etwas Butter und Zucker andünsten und mit Calvados flambieren. Zur Seite stellen und auskühlen lassen.

Den Bisquitboden nach Belieben mit Calvados beträufeln. Einen Teil der Creme darauf geben, Apfelstückchen verteilen, den Rest der Creme einfüllen und glatt streichen. Die Torte im Kühlschrank erkalten lassen. Zum Schluss einen dünnen Spiegel Aprikosenkonfitüre auf die Torte streichen und nach Belieben mit Apfelspalten dekorieren.

CYNTHIA BARCOMI ist Pionierin und Königin der Café-Szene Berlins zugleich. Als in der frischgebackenen Haupstadt noch kaum ein Mensch wusste, was ein Brownie ist und wie wunderbar frisch gerösteter Kaffee schmeckt, hat sie in den 90er Jahren in Kreuzberg die Barcomi´s Kaffeerösterei und wenig später in Mitte das Barcomi's Deli eröffnet. „I was born to bake" sagt die gebürtige Amerikanerin und man glaubt ihr sofort, dass sie schon im Kindergartenalter ihre Lieblings-Cookie Rezepte auswendig aufsagen konnte. Bevor sie ihre Liebe zum Backen zum Beruf und die Naschkatzen Berlins damit sehr glücklich gemacht hat, studierte sie Theaterwissenschaften und Tanz in ihrem Heimatland. Dort liegen auch die Wurzeln zu ihren üppigen Torten, den beliebten Tartes, Brownies und Cookies. Der Townie, eine unglaubliche Mischung aus Tarte und Brownie, ist in den USA der letzte Schrei in Sachen Backen. Sozusagen ein „Must Bake". Etwas anderes würde man von Cynthia Barcomi auch nicht erwarten.

CYNTHIA BARCOMI

BARCOMI´S

CYNTHIA BARCOMI

BARCOMI´S

BROWNIE MEETS TARTE

TOWNIES

1 Form 23/25 cm

TARTE

100G Butter, kalt
40G Pflanzenfett, kalt
210G Mehl
1 EL Zucker
½ TL Salz
75 ML sehr kaltes Wasser

BROWNIE FÜLLUNG

85G Butter, zerlassen
125G Zartbitterschokolade, grob gehackt
50G Zucker
65G Muscovado- oder Voll-Rohrzucker

30G Mehl
20G ungesüßter Kakao
¼ TL Salz
1 Prise Natron
2 Eier
¾ TL Vanille-Extrakt

TARTE ≈ Butter und Pflanzenfett kleinschneiden und in den Kühlschrank legen. In einer großen Schüssel Mehl, Zucker, Salz vermengen. Die Fett-Stücke mit den Fingerspitzen in das Mehl grob einarbeiten. Das kalte Wasser dazugeben und mit einer Gabel ganz kurz mischen bis ein Teig entsteht. Den Teig auf eine leicht bemehlte Arbeitsfläche geben und zu einer flachen Scheibe formen, in Klarsichtfolie wickeln und 2 Stunden in den Kühlschrank stellen.

Ofen auf 200°C vorheizen. Auf einer leicht bemehlten Arbeitsfläche Teig auf 3 mm ausrollen. Nudelholz und Arbeitsfläche bemehlt halten, damit der Teig nicht klebt. Zügig arbeiten. Teig in die Backform legen, an den Seiten leicht andrücken und den Überhang bis auf 5 mm abschneiden. Den Teigrand mit den Fingerspitzen wellenförmig formen. Seiten und Boden mit einer Gabel einstechen. Alufolie auf den Teig legen und mit trockenen Hülsenfrüchten beschweren. Dies verhindert, dass der Teig beim Backen schrumpft oder sich aufbläht. 10 Minuten backen, dann Folie und Gewicht entfernen, weitere 8 Minuten backen. Auf einem Gitter auskühlen lassen.

BROWNIE FÜLLUNG ≈ Schokolade und Butter in einem Topf langsam schmelzen lassen. Beide Zuckersorten unterrühren und etwas abkühlen lassen.

Ofen auf 170°C reduzieren. In einer Schüssel Mehl, Kakao, Salz und Natron vermengen. Sobald die Schokolade abgekühlt ist, Eier und Vanille gründlich unterschlagen. Mehlmischung dazu geben. Mit einem Holzlöffel oder Gummiteigschaber nur ganz leicht unterrühren. Gleichmäßig in die Backform verteilen. 15 Minuten backen. Vor dem Anschneiden abkühlen lassen.

Sissi
Sissi

MARTIN HARTMANN hat sie glücklicherweise erfunden. Natürlich muss es eine Torte geben, die Sissi heißt und natürlich muss sie aus besten österreichischen Zutaten hergestellt werden. Etwas ungewöhnlich ist vielleicht nur, dass die Sissi Tortenmanufaktur so weit von der Wiener Hofburg entfernt liegt. Aber das macht nichts, denn der gebürtige Österreicher Martin Hartmann hat auch gleich den Sissi-Torten-Versandservice erfunden und verschickt nun Sissi-Torten in alle Welt, auch in seine Heimat. Die hatte er im Herzen als er die Zutaten für die neue Torte zusammenstellte: Konfitüre aus Wachauer Rosenmarillen, Kirschwasser, Kaffeebohnen von Edelröster Andraschko sowie Zotterschokolade für die Kuvertüre und die Mokkatrüffelfüllung. Dazu kommt solides Konditoren-Handwerk, denn jede Torte wird liebevoll von Hand gebacken, gefüllt und mit Schokolade überzogen. Sicher im Holzkästchen verpackt hält sie 10 Tage lang frisch und die Empfänger freuen sich auf den geradezu kaiserlichen Hochgenuss.

TORTENMANUFAKTUR

SISSI

SISSI-TORTE

BODEN

670G	weiche Butter
200G	Zucker
30	Eigelb
30	Eiweiß
670G	Kuvertüre, 70%
930G	Zucker
670G	Mehl
1 TL	Backpulver

KAFFEETRÜFFELMASSE

250G	Sahne
60G	Zucker
1	Prise Salz
520G	Kaffeekuvertüre

BODEN ≈ Die Kuvertüre schmelzen. Butter und die 200g Zucker schaumig schlagen. Nach und nach das Eigelb dazu geben. Dann die 930g Zucker und Eiweiß cremig schlagen. Geschmolzene Kuvertüre zur Buttermasse geben, mit geschlagenem Eiweiß angleichen, gesiebtes Mehl und Backpulver untermelieren. Den Backofen auf 210°C vorheizen und den Boden bei 170°C ca. 45 Minuten bei offenem Zug backen (Mithilfe z. B. eines Holzkochlöffels wird die Backofentür einen Spalt breit offen gehalten, damit der Wasserdampf etwas entweichen kann). Nach dem Backen stürzen und auskühlen lassen.

KAFFEETRÜFFELMASSE ≈ Alle Zutaten über einem Wasserbad schmelzen und abkühlen lassen.

CASSISFRUCHTMARK-MARMELADE
1KG Cassisfruchtmark
200G Zucker

KUVERTÜREÜBERZUG
Schokolade, 70%

CASSISFRUCHTMARK-MARMELADE ≈ Beides vorsichtig zusammen aufkochen und vollständig abkühlen lassen.

KUVERTÜREÜBERZUG ≈ Schokolade über einem Wasserbad schmelzen, abkühlen lassen, temperieren und überziehen.

Den Boden waagerecht in drei gleichgroße Böden schneiden, die Kaffeetrüffelmasse auf dem unteren verteilen, auf den nächsten Boden die Cassisfruchtmark-Marmelade geben und den dritten oben auflegen. Den Kuchen mit der temperierten Kuvertüre überziehen und auskühlen lassen.

SUSAN REED-NEUMANN & MATTHIAS NEUMANN. „Backen macht mich glücklich" ,sagt Susan Reed-Neumann und ihr Mann Matthias lächelt dazu. Offensichtlich macht es ihn auch glücklich, wenn seine Frau eine ihrer US-amerikanisch inspirierten Kuchen oder Tartes in den Ofen schiebt. Am glücklichsten dran sind aber sicher die Gäste vom The Village in Charlottenburg, denen das deutsch-amerikanische Ehepaar die täglich frisch gebackenen Kuchen, Brownies, Muffins und Cookies serviert. In dem kleinen familiären Feinkost-Café freuen sich die kundigen Stammgäste nach dem beliebten Mittagstisch immer auf den süßen Nachtisch. Ein Klassiker ist der Mandel-Orangen-Kuchen, dessen Rezept wir liebenswürdigerweise veröffentlichen dürfen.

SUSAN & MATTHIAS

THE VILLAGE

MANDEL-
ORANGEN-KUCHEN

glutenfrei

120G Butter, Zimmertemperatur
180G Zucker
70G Honig-Marzipan
¼ TL Vanillepulver
2 EL Orangenschale (Bio-Orange)

3 Eier, Zimmertemperatur
200G Saure Sahne
130G Mandelmehl
130G Buchweizen
30G Maisstärke
2 TL Backpulver
½ TL Natron
¼ TL Salz

ZUBEREITUNG ≈ Butter, Zucker, Honig-Marzipan, Vanillepulver und Orangeschale in einer Rührschüssel aufschlagen bis sie weiß und cremig sind. Ein Ei nach dem anderen zufügen, gut mischen, dann Saure Sahne zugeben und verrühren. In einer Schüssel Mandelmehl, Buchweizen, Maisstärke, Backpulver, Natron und Salz gut vermischen. Die Mehlmischung in die Buttermischung geben, umrühren. Die Masse in eine gebutterte und mit Mehl bestäubte Gugelhupfform geben und in einem auf 180°C vorgeheizten Backofen 30-40 Min. backen.

Im Herzen von Charlottenburg, in der einstmaligen Conciergewohnung eines schönen Jugendstilhauses, begrüßen die beiden Freundinnen **ROSALIE SCHULZ** und **MANUELA CHRISTOPH** treue Stammgäste und Schokoladenfans aus aller Welt. Denen servieren sie im Sommer Zartbitter-Chili-Eis und im Winter heiße Schokolade oder gar ein Schokoladenfondue. Auf vielen Reisen haben sich die beiden für das Sortiment des Chokocafés inspirieren lassen. Die große Eis- und Sorbetauswahl stammt von einer italienischen Manufaktur, der ausgezeichnete Espresso aus Cuba, die Bio-Schokoladen aus Österreich. Die Kuchen backen sie selbst. Das Rezept für den beliebten kalten Hund verraten sie nur ganz ausnahmsweise. Leider können wir keine Geheimhaltung versprechen ...

KALTER HUND

ZARTBITTER-CHILI-EIS UND MINZE

2 TASSEN brauner Zucker
3 EL dunkler Kakao
2 EL Milch
2 Eier
1 Spritzer Zitrone
250G Kokosfett
250G Butterkekse

ZUBEREITUNG ≈ Zucker, Kakao, Milch, Eier gut verrühren und mit einem Spritzer Zitrone abrunden. Dann das Kokosfett schmelzen lassen (nicht kochen) und lauwarm unter die Schokoladenmasse geben, bis diese dickflüssig ist. Schichtweise die Butterkekse mit der Schokolade auf einem Backpapier verteilen und in Alufolie einwickeln. Danach 1 Stunde in den Kühlschrank stellen und fest werden lassen.

Mit dem Zartbitter-Chili-Eis (laktosefrei) und frischer Minze anrichten.

EIS & ESPRESSO & WEIN

CHOKOCAFÉ

BLAUBEER-
CHEESECAKE

KEKSBODEN
- **300G** Butterkekse
- **150G** Butter

CHEESECAKE-MASSE
- **225G** Philadelphia
- **225G** Mascarpone
- **118G** Zucker
- **16G** Stärke
- **38G** Crème Double
- **1** Ei
- **3** Eigelb
- Zitronensaft
- **1** Vanilleschote oder Vanillearoma

- **4EL** Blaubeermarmelade

KEKSBODEN ≈ Butterkekse in einer Küchenmaschine fein zerhacken. Falls keine Küchenmaschine zur Hand ist, kann man die Kekse auch in einen Zippbeutel geben und mit einem Nudelholz zerkleinern. Butter auflösen, nicht zu heiß, und mit den Kekskrümeln gut vermischen. Wenn sich die Butter mit den Keksen gut verbunden hat, noch einmal kurz erhitzen, am besten in einer Mikrowelle, etwa auf 32°C. Tortenring auf dem Boden mit Backpapier auslegen und die Keks-Butter-Masse ca. 1 cm dick darauf verteilen und gut festdrücken. Kurz in den Kühlschrank.

CHEESECAKE-MASSE ≈ Alle Zutaten mit einem Pürierstab vermischen, das Mark der ausgekratzten Vanilleschote dazugeben, oder 3 Tropfen Vanillearoma, Zitronensaft nach Geschmack zugeben. Gut aufpassen, dass keine Klumpen in der Masse sind. Erst ¾ der Masse auf den Keksboden geben, Blaubeermarmelade hinzugeben und etwas mit der Masse verrühren. Den Rest der Masse daraufgeben. Cheesecake im Ofen bei 110°C für ca. 60 Min. backen. In der Mitte ist der Cheesecake immer noch flüssig. Den Kuchen aus dem Ofen nehmen, den Rand mit einem nassen kleinen Messer anschneiden und 30 Min. ruhen lassen. Danach nochmal bei 110°C ca. 30 Min. in den Ofen.

Kuchen gut auskühlen lassen, am besten über Nacht. Vorsichtig aus der Form lösen und genießen.

NADINE EISENSTEIN, Waldorf Astoria Romanisches Café. Fast direkt gegenüber vom Originalstandort des legendären Romanischen Cafés hat das Waldorf Astoria seine Hommage an das Berliner Künstlercafé eröffnet. Die Atmosphäre ist elegant modern, das Publikum international. Natürlich kann man hier zum zwanglosen Lunch einen Waldorf-Salat bestellen und sicher sein, dass man das berühmte New Yorker Original bekommt. Ein absoluter Geheimtipp sind aber die täglich frischen und absolut delikaten Tartes, Törtchen und Petit Fours der jungen Pâtissière Nadine Eisenstein. Ebenfalls ein Mitbringsel aus der Heimat des weltberühmten Hotels ist die Cheesecake-Auswahl im Romanischen Café. Der Blaubeer-Cheesecake ist unglaublich gut und Nadine Eisenstein hat uns sogar das Rezept verraten!

WALDORF ASTORIA
ROMANISCHES CAFÉ

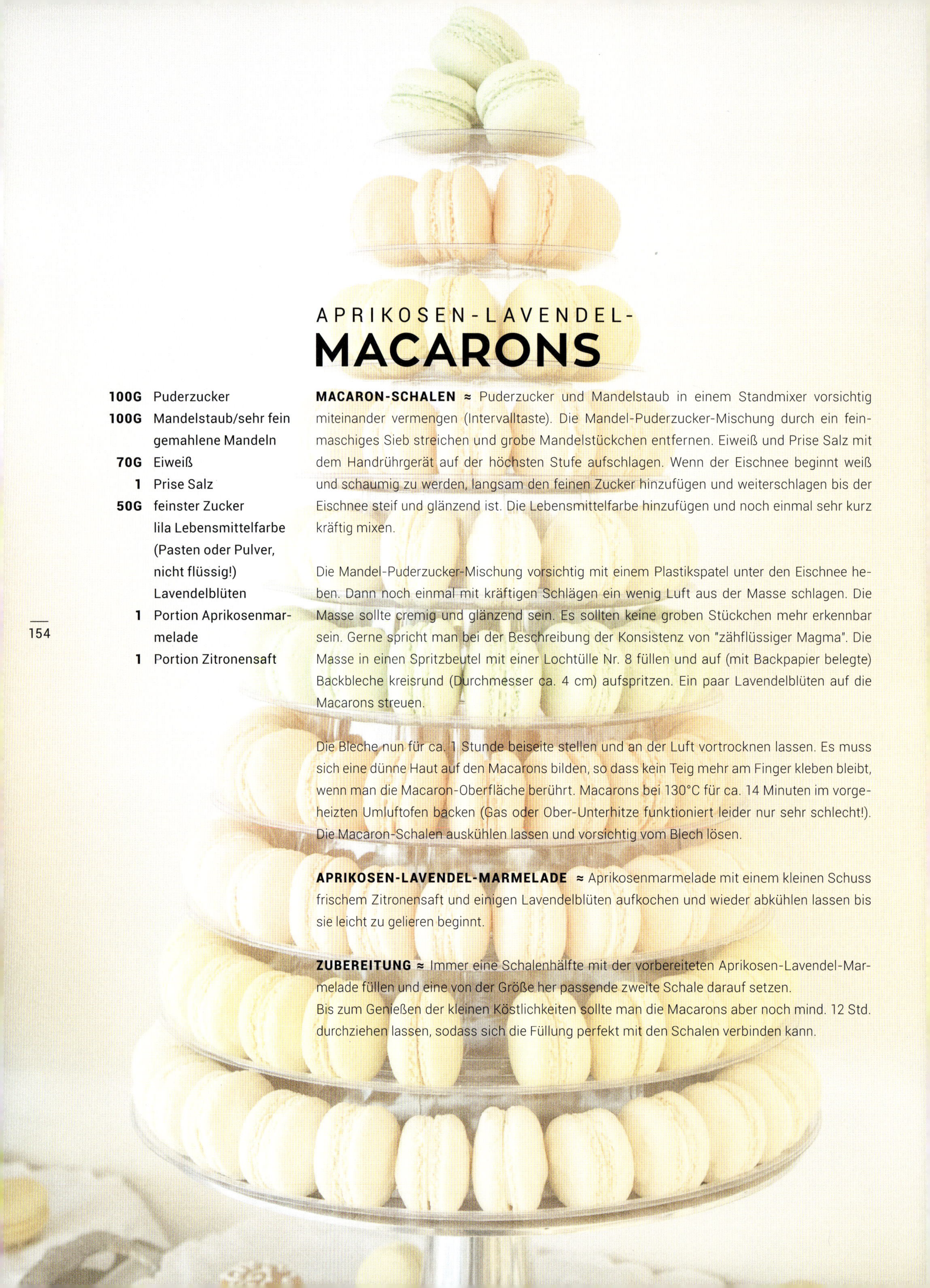

APRIKOSEN-LAVENDEL-
MACARONS

- **100G** Puderzucker
- **100G** Mandelstaub/sehr fein gemahlene Mandeln
- **70G** Eiweiß
- **1** Prise Salz
- **50G** feinster Zucker
- lila Lebensmittelfarbe (Pasten oder Pulver, nicht flüssig!)
- Lavendelblüten
- **1** Portion Aprikosenmarmelade
- **1** Portion Zitronensaft

MACARON-SCHALEN ≈ Puderzucker und Mandelstaub in einem Standmixer vorsichtig miteinander vermengen (Intervalltaste). Die Mandel-Puderzucker-Mischung durch ein feinmaschiges Sieb streichen und grobe Mandelstückchen entfernen. Eiweiß und Prise Salz mit dem Handrührgerät auf der höchsten Stufe aufschlagen. Wenn der Eischnee beginnt weiß und schaumig zu werden, langsam den feinen Zucker hinzufügen und weiterschlagen bis der Eischnee steif und glänzend ist. Die Lebensmittelfarbe hinzufügen und noch einmal sehr kurz kräftig mixen.

Die Mandel-Puderzucker-Mischung vorsichtig mit einem Plastikspatel unter den Eischnee heben. Dann noch einmal mit kräftigen Schlägen ein wenig Luft aus der Masse schlagen. Die Masse sollte cremig und glänzend sein. Es sollten keine groben Stückchen mehr erkennbar sein. Gerne spricht man bei der Beschreibung der Konsistenz von "zähflüssiger Magma". Die Masse in einen Spritzbeutel mit einer Lochtülle Nr. 8 füllen und auf (mit Backpapier belegte) Backbleche kreisrund (Durchmesser ca. 4 cm) aufspritzen. Ein paar Lavendelblüten auf die Macarons streuen.

Die Bleche nun für ca. 1 Stunde beiseite stellen und an der Luft vortrocknen lassen. Es muss sich eine dünne Haut auf den Macarons bilden, so dass kein Teig mehr am Finger kleben bleibt, wenn man die Macaron-Oberfläche berührt. Macarons bei 130°C für ca. 14 Minuten im vorgeheizten Umluftofen backen (Gas oder Ober-Unterhitze funktioniert leider nur sehr schlecht!). Die Macaron-Schalen auskühlen lassen und vorsichtig vom Blech lösen.

APRIKOSEN-LAVENDEL-MARMELADE ≈ Aprikosenmarmelade mit einem kleinen Schuss frischem Zitronensaft und einigen Lavendelblüten aufkochen und wieder abkühlen lassen bis sie leicht zu gelieren beginnt.

ZUBEREITUNG ≈ Immer eine Schalenhälfte mit der vorbereiteten Aprikosen-Lavendel-Marmelade füllen und eine von der Größe her passende zweite Schale darauf setzen.
Bis zum Genießen der kleinen Köstlichkeiten sollte man die Macarons aber noch mind. 12 Std. durchziehen lassen, sodass sich die Füllung perfekt mit den Schalen verbinden kann.

LAURA LEISING

MAKRÖNCHEN

LAURA LEISING hat sie in London entdeckt. Dass Macarons eigentlich aus Frankreich kommen, hat sie erst später erfahren. Da war sie schon längst verliebt in diese leichten mandeligen Baiserkekse mit der cremigen Füllung. Schlaflose Nächte haben sie ihr bereitet - die Macarons. Erst bei der Suche nach dem perfekten Rezept für den perfekten Genuss, dann bei der Frage, ob sie wirklich für die neue Liebe ihr altes Leben als studierte Diplom-Betriebswirtin an den Nagel hängen sollte. Sie hat es getan und sie hat es nicht bereut. Mittlerweile ist sie Inhaberin der Makrönchen Manufaktur und zaubert täglich gemeinsam mit ihrem Team bunte Macarons in mehr als 20 verschiedenen Sorten sowie andere kleine Köstlichkeiten. Mit dem vom deutschen Wort „Makrone" abgewandelten Namen hat sie ihrer süßen Manufaktur die Krone aufgesetzt. "Makrönchen", sagt Laura Leising, "sind die Prinzessinnen der Petit Fours. Und Prinzessinnen brauchen nun mal ein Krönchen!"

„Königsberger Marzipan ist das beste der Welt“ sagt **RALF BENTLIN**, „denn wir benutzen so wenig Zucker, dass man die Mandeln noch richtig schmecken kann!“ Die Hanse hat im Mittelalter das Konfekt aus dem Mittelmeerraum an Nordsee und Ostsee gebracht und aus Lübeck, Tallinn und Königsberg traditionsreiche Zentren der Marzipanproduktion gemacht. Als Firmengründer Paul Wald 1939 von Königsberg nach Berlin zog, hat er das geheime Marzipan-Rezept seines Großvaters im Gepäck, der seinerzeit den Zarenhof mit dem typischerweise abgeflämmten Mandelkonfekt belieferte. 1947 eröffnete er zusammen mit seiner ebenfalls aus Königsberg stammenden Frau Irmgard eine kleine Marzipan-Manufaktur in Berlin-Charlottenburg und begründete damit eine Berliner Marzipandynastie. Ralf Bentlin ist der Ehemann einer Enkelin der beiden Firmengründer. Auch er schweigt eisern, wenn er nach dem klassischen Königsberger Rezept gefragt wird. Geheim ist geheim.

WALD KÖNIGSBERGER
MARZIPAN

Schokolade
Berli

BITTERE SCHOKOLADEN

ERICH HAMANN

GERHARD & ANDREAS HAMANN. Immer wieder lässt Gerhard Hamann die Schokoladenmasse durch dicke schwere Walzen aus Granit laufen. Dünner als ein Blatt Papier muss der Schokoladenfilm sein, damit der Chocolatier ihn mit Metallleisten zu seiner berühmten Borkenschokolade aufstauen kann. Der traditionsreiche Herstellungsprozess an der antiken Maschine zeichnet das Berliner Traditionshaus aus. Hier wird nichts von dem verändert, was gut ist. Das Motto des Firmengründers Erich Hamann lautete: "Nur das Beste vom Besten". Sohn Gerhard und Enkel Andreas Hamann halten es in Ehren. „Bittere Schokoladen Berlin“ nannte Erich Hamann seinen Schokoladenladen als er ihn 1912 an der Kurfürstenstraße eröffnete. Denn er war Fan des reinen unversüßten Schokoladengeschmacks und damit ganz eindeutig der Vorreiter der heutigen Berliner Schokoladenbewegung.

MICHAEL MARIA ZIFFELS ist ein Chutney-Profi. Ein Chutney, sagt er, ist der scharfe Bruder der süßen Schwester Marmelade. Und er ist überzeugt: Ein Chutney passt zu allen Lebenslagen und zu allen Speisen. Je nach Zutaten ist ein Chutney der ideale Begleiter zu Fleisch, Fisch, Gemüse, zu Wurst und zu Käse. Zeit ist, neben guten Zutaten, das Allerwichtigste bei der Chutney-Produktion. Auch zur Rezeptentwicklung nimmt sich Michael Maria Ziffels viel Zeit. Er experimentiert, probiert und testet immer wieder, ob auch wirklich alles zusammen passt. Die Ananas zum Chili, die Dattel zur Tamarinde oder die Tomate zum Ingwer. Seine kräftigen Geschmacks-Arrangements vertreibt er in seinem Online-Shop, u .a. bei Fleischwolf und Lotte in der Koertestraße und auf verschiedenen Märkten.

FEINKOST ZIFFELS

BANANEN
CHUTNEY

4 EL Ghee
2 EL Cashewkerne
1 Sternanis
1 TL schwarzer Senf
2 Bananen
½ TL Kurkuma
½ TL Chilipulver
½ Bio-Zitrone (Saft, Schale in feinen Steifen)
2 EL brauner Zucker
6 grüne Kardamomkapseln
1 Prise Salz
1 EL Orangenblütenwasser
1 rote frische Chili, in Scheiben oder Streifen

DEKORATION
Essbare Blüten, Cashews, in Streifen geschnittene Chilis und Zitronenschale

ZUBEREITUNG ≈ Die Cashews in 2 EL Ghee (Veganer nehmen 3 EL Pflanzenöl) bräunen, mit einem Schaumlöffel herausnehmen und auf Küchenpapier legen. Den Sternanis und den Senf in weiteren 2 EL Ghee anbraten, die in Scheiben geschnittenen Bananen sowie das Kurkuma und das Chilipulver hinzugeben.
Unter Rühren kurz anbraten. Mit Zitronensaft ablöschen, die Hälfte der Zitronenschalenstreifen und den Zucker hinzugeben. Etwas einkochen und dann den gemörserten Kardamom, eine Prise Salz und das Orangenblütenwasser hinzugeben. Kurz umrühren und vom Herd nehmen.

ANRICHTEN ≈ 2 EL der Masse in die Mitte des Tellers geben und 3-5 Cashews hineinspicken. Zitronenschale darüber streuen und eine essbare Blüte sowie ein paar Chilistreifen dazu geben. Warm oder bei Zimmertemperatur als Chutney oder als eigenständiges feuriges Dessert servieren.

KOKOS-MANGO-

PANDAN

4 Portionen

- 1 frische Mango
- 1 große junge Kokosnuss

SUD

- 350G Kokoswasser
- 75G Litschisaft
- 20G Limettensaft
- 25G Reissirup
- 1G Xanthan

EIS

- 30G Wasser
- 30G Vollrohrzucker
- 1 Vanilleschote
- 50G Reis
- 500G Kokosmilch
- 3 Pandanblätter
- 1 ST. Zitronengras
- ½ Banane

TAPIOKAPERLEN

- 200G Litschisaft
- 15G Acerolasaft
- 40G Reissirup
- 20G Tapioka

SESAMCRACKER

- 50G Sesam
- 100G Vollrohrzucker
- 35G Butter
- 50G Mehl
- 15G Orangensaft
- 1 Prise Salz

ZUBEREITUNG ≈ Die Mango schälen und in dünne Streifen schneiden.
Die Spitze der Kokosnuss mit einem großen Messer abschneiden und das Kokoswasser auffangen. Die Kokosnuss halbieren, mit einem Löffel lange Stücke Fruchtfleisch auslösen und anschließend in feine Streifen schneiden.

SUD ≈ Kokoswasser, Litschisaft, Reissirup und Limettensaft vermischen. Xanthan hinzufügen und 2 Minuten mit einem Stabmixer mixen. 2-4 Stunden ruhen lassen damit die Luft rausgeht.

EIS ≈ Wasser und Zucker mit der Vanilleschote ca. 5 Min. bei mittlerer Hitze zu einem Sirup einköcheln lassen. Den Reis in einer Pfanne bei hoher Temperatur ca. 5 Min. rösten.
Kokosmilch aufkochen. Pandan und Zitronengras klein schneiden und in der warmen Kokosmilch ca. 20 Min. ziehen lassen. Das Ganze pürieren und passieren. Kokosmilch nochmals kurz aufkochen und den Reis darin ca. 10 Min. ziehen lassen und anschließend passieren. Den abgekühlten Sirup und Kokosmilch mit der Banane pürieren.

TAPIOKAPERLEN ≈ Litschisaft, Acerolasaft und Reissirup vermischen. Danach den Tapioka hinzufügen. Das Ganze eine Nacht einweichen. Danach alles 2 Minuten bei mittlerer Hitze köcheln und abkühlen lassen. Tapioka unter kaltem Wasser spülen, bis nur noch Perlen übrig sind.

SESAMCRACKER ≈ Butter schmelzen und mit dem Zucker vermischen. Danach Sesam, Salz und Mehl hinzufügen. Zum Schluss Orangensaft unterrühren.

Die Masse dünn auf einem Backpapier verstreichen. 6-7 Minuten auf Ober-und Unterhitze bei 180°C backen. 2 Minuten abkühlen lassen. Danach kann man die Kekse in die gewünschte Form schneiden oder ausstecken.

... sieht aus wie Future Food aus einer fernen Galaxie, mit dem wir von eleganten Raumschiffen in Lichtgeschwindigkeit beliefert werden. Doch noch ziehen Menschenhände die eckigen Formen mit dem eisigen Inhalt aus dem dampfenden flüssigen Stickstoff und das passiert auch nicht auf einem fernen Stern sondern in Berlin. **DAVID MARX** und seine Crew haben das futuristische Eis entwickelt, das nicht nur in der Formensprache und der Kühltechnik revolutionär ist, sondern auch im Geschmack. Die Technik aus der Molekularküche frostet die Eismasse bei ca. minus 200°C so schnell, dass dem darin enthaltenen Wasser keine Zeit bleibt, störende Kristalle zu bilden. Daher kann man auf Sahne für den Schmelz komplett verzichten. Stattdessen basiert Kyl21 auf Joghurt oder veganer Hafermilch. Für den Geschmack sorgen ausgewählte Zutaten in Bio-Qualität und beste Gewürze wie Vanilleschoten aus Madagaskar. Zucker ist für David Marx auch von gestern. Die dezente Süße in seinem Eis stammt von Kakaoblütensirup aus Java oder Bio-Honig aus der Region. Die Rezepturen stammen von seiner Crew erstklassiger Pâtissiers aus dem internationalen Sterne-Segment. Also doch ein bisschen Science Fiction.

MOLEKYLEIS

KYL21

2003 CHÂTEAU LAFAURIE-PEYRAGUEY 13,5%VOL. ≈ 1ER CRU CLASSÉ SAUTERNES

Sauternes gehört zu den gefragtesten und feinsten Süßweinen aus Frankreich. Das Château Lafaurie Peyraguey spielt als 1er Cru in der höchsten Liga mit. Ein Wein mit großer Konzentration, Finesse und einer unglaublichen Aromenvielfalt, die von sehr reifen gelben Früchten über Trockenobst bis hin zu Zitrusfrüchten in Likörform reicht. Ganz typisch für reife Sauternes aus edelfaulen Trauben ist das feine Honigaroma.

1986 BAS ARMAGNAC FOLLE BLANCHE 42%VOL. ≈ BARON DE LUSTRAC, SÜDWESTFRANKREICH

Als einer von fast hundert verfügbaren Jahrgängen ist der 1986er besonders spannend, da er ausschließlich aus der Folle Blanche Traube hergestellt ist. Diese Traube bringt eine ganz intensive und fruchtig-betörende Aromatik. Gepaart mit der Reife der Holzfasslagerung hat man es schwer sich nicht ein zweites oder drittes Gläschen davon einzuschenken.

2009 MAURY VINTAGE 16%VOL. ≈ MAS AMIEL, ROUSSILLON

Kaum ein anderes Weingut in Südfrankreich versteht sich so meisterlich auf Süßweine im Portweinstil wie Mas Amiel. Der eine verführt, der nächste betört, ein anderer verschlägt einem die Sprache. Die Weine im Vintage-Stil sind frisch und fruchtig, da sie im Stahltank ausgebaut werden. Ganz typisch sind Kirsch- und Brombeeraromen. Mit etwas Flaschenreife wird er wunderbar weich und eine perfekte Kombination zu allen erdenklichen Schokoladen-Variationen.

2012 PACHERENC DE VIC-BIHL 13,5%VOL. ≈ DOMAINE BETBÉDER, SÜDWESTFRANKREICH

Im Südwesten Frankreichs gibt es eine Vielzahl von autochthonen Rebsorten. Hier vor allem der Petit Manseng, der ganz delikate edelsüße Weine liefert. Ähnlich einem Sauternes, aber nicht so süß und konzentriert. Wunderbar mit seinen gelben und exotischen Fruchtaromen zur Stopfleber, Entenconfit oder auch Käse und Schokoladendesserts. Seine leichtere und frischere Art und der deutlich günstigere Preis im Vergleich zum Sauternes überzeugen. Manchmal hat Unbekanntheit auch seine Vorteile.

1976 WILTINGER KLOSTERBERG BEERENAUSLESE. ≈ WEINGUT RESCH, MOSEL

Eine Variante von der breitgefächerten Auswahl an alten Flaschen und Weinen aus dem Sortiment. Eine Beerenauslese in dem Alter ist ein Ausbund an Aromaintensität. Leicht, schlank und immer noch mit der Frische des Rieslings, mit Aromen von wunderbar reifen und kandierten Früchten. Bei diesen hohen Qualitäten macht das Riechen und Schmecken über lange Zeit viel Freude, weil es immer wieder andere Nuancen zu entdecken gibt.

PHILIPPE SCHREIBER. Nicht jeder hat ein Raritäten-Cabinet mit über 100 Jahrgängen im Keller. Philippe Schreibers Vater hat mit dem Sammeln angefangen und die exklusive Weinkollektion an seinen Sohn Philippe übergeben als dieser von ihm die renommierte Weinhandlung Hardy übernahm. Einige der edlen Tropfen gehören zu den beliebtesten Süßweinen die Frankreich zu bieten hat. Französischer Wein, das ist die Passion von Philippe Schreiber seit er in Paris Ökonomie und in Bordeaux Önologie studiert hat. Für Sweet Berlin ist er in seinen Keller gegangen.

HARDY WEINE

KULINARISCHE **STATEMENTS**

MACHER & MANUFAKTUREN

Was wäre Berlin ohne seine Schokoladenseiten? Damit die süßen Handwerker Berlins täglich aufs Neue die Glückshormone der Stadt auf Trab bringen können, arbeiten viele Manufakturen und Produzenten aktiv vor und hinter dem süßen Vorhang. Besondere Qualitäten, aktuelle Trends, spezielle Zutaten werden von unseren kulinarischen Partnern mit viel professioneller Hingabe gescoutet, zusammengestellt und an den richtigen Ort gebracht: in die Küchen, Backstuben, Cafés, Röstereien und Produktionsstätten der süßen Szene Berlins.

Schokoladenherzen beim Süßkramdealer.

BEWARE OF FALLING
COCONUTS!

"Die Kokosnuss prägt seit Jahrhunderten die Esskultur verschiedener Völker auf fast allen Kontinenten und erobert jetzt die innovative Großstadtküche. Ein fast unerschöpfliches Repertoire an neu interpretierten Rezepten aus allen Ecken der Erde machen die Kokosnuss zu der vielleicht vielseitigsten Steinfrucht, die es je gab."

Josefine Staats, Kulau

KOKOS-HASELNUSS

LUCUMA MILCH

2-3 Portionen

100G Haselnüsse, 4 Stunden eingeweicht und abgespült
500 ML Wasser
3-5 CM Zimtstange
1 TL Vanillepulver
2 EL Kulau Kokosblütenzucker
2 EL Lucuma-Pulver
1 TL Maca-Pulver (optional)
2 EL Kulau Kokosöl
1 EL Rohkakao-Pulver
Hochleistungsmixer
Nussmilchbeutel

ZUBEREITUNG ≈ Haselnüsse mit Zimt und Wasser im Hochleistungsmixer ca. 1 Minute gut pürieren und durch einen Nussmilchbeutel drücken. Den Trester aufheben, dieser kann für Cupcakes und anderes verwendet werden.

Die Haselnuss-Zimt-Milch im Mixer mit allen Zutaten außer dem Rohkakao-Pulver schaumig mixen. Ca. 2/3 der Milch auf 2-3 Gläser verteilen. Den Rest mit dem Kakao noch einmal mixen und damit die Milch in den Gläsern marmorieren.

VIVA LA

REVOLUCIÓN!

"Wie nie zuvor hat sich die Kaffeekultur in den letzten Jahren verändert. Kleinste Plantagen, ambitionierte Röstereien und Kaffee-Experten importieren direkt aus dem Ursprungsland die besten Qualitäten und entwickeln ihren ganz eigenen Stil. Wir selbst sind mehrere Wochen in Mittel- und Südamerika oder Afrika unterwegs, suchen vor Ort nach den besten Lagen und nachhaltigen Produzenten. In zahlreichen Röst- und Verkostungsrunden wird dann die perfekte Röstung und Zubereitung definiert. Mit dem „Cup of Excellence", den von einer internationalen Jury gekürten besten Kaffees eines Landes, bieten wir selbst kleinsten Plantagen eine Plattform. Wir sind Kaffee-Enthusiasten und unterstützen diese Revolution der kleinen, exzellenten Strukturen."

Robert Stock & Sascha Spittel, Tres Cabezas

WILD AT HEART

BURUNDI
Cup Of Excellence Winner 2014
Single Origin
Blend
Webcor Washing Station
1550-1600 Mu NHN/Bourbon
Fully Washed An Sundried
Tres Cabezas
Medium
20.02.2015
e250g
Ganze Bohne
cupofexcellence.org

8 Stück

250G weiche Butter
150G Original Beans Piura Porcelana 75% Schokolade
1 Vanilleschote, das Mark
250G brauner Zucker
3 Eier
125G gerösteter Mandelgries
25G geröstete, gehackte Haselnüsse
25G geröstete Pistazien
50G geröstete Mandelstifte
35G geröstete Pinienkerne

PIURA PORCELANA

BROWNIES À LA RUTZ

ZUBEREITUNG ≈ Die Piura Porcelana Schokolade im Wasserbad schmelzen und die Butter vorsichtig nach und nach unterrühren, so dass sich beides verbindet. Jetzt die in der Zwischenzeit gerösteten Nüsse und Mandelgries sowie das Mark der Vanilleschote hinzugeben. In einer Schüssel Ei und Zucker schaumig schlagen und die Schokoladen-Nuss-Masse unterheben. Ein Blech mit Backpapier auslegen und die Kuchenmasse 3 cm dick darauf verteilen. Bei 180°C ca. 20 Minuten backen. Um das Portionieren zu erleichtern können die Brownies kurz angefroren werden.

TIPP ≈ Die Piura Porcelana 75% Schokolade gibt es sowohl als Tafel also auch in Form von Sternekochschokolade (Rondos). Weitere leckere Schokoladenrezepte findet man auf www.originalbeans.de.

ORIGINAL

BEANS

„Original Beans Schokoladen werden in den besten Restaurants der Welt serviert. Unser Anliegen geht aber weit darüber hinaus: Herausragende Qualität oder besonders seltene, aromatische Kakaosorten brauchen nachhaltiges Engagement. Die Wiederaufforstung des Regenwalds ist der effektivste Schutz des Klimas und seit 2008 hat Original Beans dazu beigetragen, in den entlegensten Regionen dieser Welt, über eine Million Bäume zu pflanzen. Wir haben die Lebensumstände von zwanzigtausend Kleinbauernfamilien verbessert, einige der seltensten Kakaosorten der Welt bewahrt und beim Erhalt der Pufferwälder geholfen, die die letzten Berggorillas und Paradiesvögel schützen. Wir freuen uns, dass weltweit viele Schokoladenliebhaber unsere Leidenschaft für exquisite Schokolade und konsequente Nachhaltigkeit teilen. Gemeinsam verändern wir die Welt – mit Schokolade!"

Philipp Kauffmann, Original Beans

KULINARISCHE
INSZENIERUNG

"Der perfekte Teller zum perfekten Dessert, Petit Four oder Tortenstück - das ist wie das Tüpfelchen auf dem i. Mal schnörkellos, mal farbig, mal modern, mal elegant ... Porzellan ist die perfekte Bühne für kulinarische Inszenierungen, es inspiriert Köche und Pâtissiers - und wir lassen uns von ihren Kreationen inspirieren. Wir versuchen mit unserem Design das Ambiente eines Cafés, den Genuss einer Trinkschokolade und die filigrane Ästhetik eines Gerichtes zu unterstreichen. Genuss ist ein ganzheitliches Erlebnis - und Porzellan wirkt hier wie ein Geschmacksverstärker!"

Iris Reichstein, Arzberg Porzellan

CONFIS
EXPRESS

"Uns fasziniert der grenzenlose Ideenreichtum der Sterneköche, der Pâtissiers und Chocolatiers. Deswegen unterstützen wir deren Kreativität und Leidenschaft mit ausgesuchten Produkten, die jedem Qualitätsanspruch gerecht werden. Bei uns finden die Profis wirklich alles, was sie für das süße Handwerk brauchen. Wir machen uns seit über 75 Jahren weltweit auf die Suche nach den besten Schokoladen, Nüssen, Gewürzen und sonstigen Zutaten, denn wir wollen mit unserem Angebot jede Idee, jede Fantasie und jede Inspiration beflügeln."

Alfred Pfersich, Confis Express

JEDE TAFEL EIN BAUM

LET US ENTERTAIN YOU

"Kulinarik ist Kommunikation - in allen Kulturen der Welt. Essen prägt uns von Kindesbeinen an und unsere Gesellschaften brauchen wieder dieses gemeinsame "Ritual". Bei Cooks Connection spüren wir mit Köchen und Foodexperten unserer kulinarischen Identität nach und setzen diese in interaktiven Formaten in Szene. Nachhaltigkeit, bei der Produktqualität aber auch der kulinarischen Inszenierung sind uns hierbei besonders wichtig. Es geht uns um ein Erlebnis, das bleibt - und manchmal auch verändert."

Stefan Eggert, für Cooks Connection Berlin

DIE REZEPTE

VON A – Z

DIE AKTEURE

ADRESSLISTEN

ANDRASCHKO KAFFEEMANUFAKTUR, Industriestr. 18, 12099 Neukölln, Tel. 695 986 87, www.andraschkokaffee.com, Seite 120
ANNE SEUBERT, www.kekstester.de, Seite 45
APFEL ON TOUR, facebook.com/apfelfrau1, Markthalle Neun, Eisenbahnstr. 42/43, 10997 Kreuzberg, www.markthalleneun.de, Seite 25
AUX DÉLICES NORMANDS GMBH, Dorfplatz 6, 14532 Stahnsdorf, Tel. (03329) 69 68 22, www.aux-delices-normands.de, Seite 136
B.ALIVE! – the art of gourmet raw cuisine, www.balive.org, Seite 109
BARCOMI´S DELI, Sophie-Gips-Höfe, 2. Hof , Sophienstr. 21, 10178 Mitte, Tel. 28598363 / Barcomi´s Kaffeerösterei, Bergmannstr. 21, 10961 Kreuzberg, Tel. 6948138, www.barcomis.de, www.cynthiabarcomi.com, Seite 141
BELYZIUM ARTISAN CHOCOLATERIE, Lottumstr. 15, 10119 Mitte, Tel. 440 464 84, www.belyzium.com, Seite 114
BEN & BELLCHEN – Süßes Handwerk, Tel. 92 36 97 59, www.ben-und-bellchen.de, Seite 61
BUNTWILD MÜSLIS, www.buntwild.de, Seite 64
CAFÉ MAITRE MÜNCH, Giesebrechtstr. 16, 10629 Charlottenburg, www.cafe-maitre-muench.de, Seite 133
CHOKOCAFÉ, Bleibtreustr. 15, 10623 Charlottenburg, Tel. 60927872, www.chokocafe.de, Seite 151
CINCO, Das Stue Hotel Berlin Tiergarten, Drakestr. 1, 10787 Tiergarten, Tel. 311 722 0, www.das-stue.com, Seite 98
DILEKEREI, Eulerstr.11b, 13357 Wedding, Tel. 0152-296 34 351 www.dilekerei.com, Seite 46
DU BONHEUR – Konditorei . Café . Feinkost, Brunnenstr. 39, 10115 Mitte, Tel. 56591955, www.dubonheur.de, Seite 128
EMMA EMMELIE ANTIKES, Kanalstr. 27, 16348 Wandlitz/OT Zerpenschleuse, www.emma-emmelie.de, Seite 57
ERICH HAMANN – Bittere Schokoladen Berlin, Brandenburgische Str. 17, 10707 Wilmersdorf, www.hamann-schokolade.de, Seite 159
FACIL RESTAURANT, Potsdamer Str. 3, 10785 Tiergarten, Tel. 590 05 1234, www.facil.de, Seite 86
FRAU ZELLER TORTENMANUFAKTUR, www.frauzeller.de, Markthalle Neun, Eisenbahnstr. 42/43, 10997 Kreuzberg, www.markthalleneun.de, Seite 21
GOT DESSERT?, www.gotdessert.de, mail@gotdessert.de, Tel. 0176-1022 5036, Seite 30
IDA FROSK, idafrosk.blogspot.de, Seite 106
IL PANE DI MILANO, facebook.com/sironi.de, Markthalle Neun, Eisenbahnstr. 42/43, 10997 Kreuzberg, www.markthalleneun.de, Seite 22
JONES ICE CREAM, www.jonesicecream.com, Seite 70
JUBEL - feine Pâtisserie, Hufelandstr. 10, 10407 Prenzlauer Berg, Tel. 552 161 50, www.jubel-berlin.de, Seite 79
KRISTOF MULACK, mulack.kristof@gmail.com, Tel. 01772308765, Seite 119
KYL21, Molekyleis, www.kyl21.com, Seite 165
LES SOLISTES, Waldorf Astoria Berlin, Hardenbergstr. 28, 10623 Charlottenburg, Tel. 814000-2462, www.waldorfastoriaberlin.com, Seite 82
MAKRÖNCHEN MANUFAKTUR, Apostel-Paulus-Str. 4, 10823 Schöneberg, Tel. 78 89 67 49, Läden: www.makroenchen-manufaktur.de, Seite 154
OLIVIA - feine Schokoladen & Tartes, Wühlischstr. 30 , 10245 Friedrichshain, Tel. 60 500 368, www.olivia-berlin.de, Seite 53
PAMELA DORSCH, www.naschmarkt-berlin.de, www.pamela-dorsch.de, Carla Gröppel-Wegener, www.translating-kitchen.com, Seite 12
PAZ D'ALMA - Design aus Portugal, Linienstr. 121, 10115 Mitte, Tel. 643 199 00, www.paz-dalma.com, Seite 58
PRINCESS CHEESECAKE, Tucholskystr. 37, 10117 Mitte, Tel, 28 09 27 60, www.princess-cheesecake.de, Seite 14
RESTAURANT HORVÁTH, Paul-Lincke-Ufer 44a 10999 Kreuzberg, Tel. 612 899 92, www.restaurant-horvath.de, Seite 102
RETO'S CANDY FARM, www.candyfarm.org, Markthalle Neun, Eisenbahnstr. 42/43, 10997 Kreuzberg, www.markthalleneun.de, Seite 28
ROMANISCHES CAFÉ, Waldorf Astoria Berlin, Hardenbergstr. 28, 10623 Charlottenburg Tel. 814000-0, www.waldorfastoriaberlin.com, Seite 153
RUTZ RESTAURANT & WEINBAR, Chausseestr. 8, 10115 Mitte, Tel. +49 30 24 62 87 60, www.rutz-restaurant.de , Seite 92
SAWADE, Wittestr. 26d, 13509 Berlin, Tel. 030.43 006-6, www.sawade.berlin, Seite 66
SHEEP & MONKEY ARTISAN PÂTISSERIE, www.sheepandmonkey.com, info@sheepandmonkey.com, Seite 54
SINN FÜR DIE SINNE - Pralinenmanufaktur, www.sinnfuerdiesinne.de, Seite 35
SISSI TORTENMANUFAKTUR, Martin-Luther-Str. 21, 10777 Schöneberg, Tel. 23 63 17 07, www.sissi-torte.de, Seite 145
SPEISENKLUB NEUKÖLLN, facebook.com/speisenklubneukoelln, Seite 113
SÜSSKRAMDEALER, Varziner Str. 4, 12159 Friedenau, Tel. 85 07 77 97, www.suesskramdealer.de, Seite 126

THE VILLAGE FEINKOST CAFÉ, Sophie-Charlotten-Str. 49, 14059 Charlottenburg, Tel. 70 22 15 27, www.thevillage-cafe.de, Seite 148
THEOBRO.MA, www.theobro.ma, Markthalle Neun, Eisenbahnstr. 42/43, 10997 Kreuzberg, www.markthalleneun.de, Seite 33
TIGERTÖRTCHEN BERLIN CUPCAKES, Spandauer Str. 25, 10178 Mitte, Tel. 67969051 www.tigertoertchen.de, Seite 26
VEGAN CUISINE, www.vegan-catering.de, Seite 63
WALD KÖNIGSBERGER MARZIPAN, Pestalozzistr. 54 a, 10627 Charlottenburg, Tel. 323 82 54, www.wald-koenigsberger-marzipan.de, Seite 157
WEIN & GLAS COMPAGNIE, Prinzregentenstr. 2, 10717 Wilmersdorf, Tel. 235 152 0, www.weinundglas.com, facebook.com/weinundglas, Seite 123
WEINAGENTUR MOL, Glogauer Str. 9, 10999 Kreuzberg, Tel. 0172 – 93 63 792, www.weinagenturmol.de, Seite 73
WEINHANDLUNG HARDY, mit Raritäten Cabinet, Thielallee 29, 14195 Dahlem, Tel. 831 25 98, www.hardy-weine.de, Seite 167
WEINHANDLUNG SUFF, Oranienstr. 200, 10999 Kreuzberg, Tel. 614 21 48, www.suffberlin.de, Seite 41
WOHLFARTH SCHOKOLADE BERLIN, Choriner Str. 37, 10435 Prenzlauer Berg. Tel. 55 15 65 23, www.wohlfarth-schokolade.de, Seite 36
ZIFFELS FEINKOSTMANUFAKTUR, Gneisenaustr. 42, 10961 Kreuzberg, Tel. 695 995 79, www.ziffels-feinkost.de, Seite 162
ZUCKERSTÜCK, Schivelbeiner Str. 7, 10439 Prenzlauer Berg, www.zuckerstück-berlin.de, facebook.com/zuckerstück, Seite 50
ZWEI DICKE BÄREN, facebook.com/ZweiDickeBaeren, Seite 39

KULINARISCHE STATEMENTS

KULAU, Kastanienallee 10, 10435 Prenzlauer Berg, Tel. 92 122 664, www.kulau.de, Seite 172
TRES CABEZAS, Boxhagener Str. 74, 10245 Friedrichshain, Tel. 290 47 47 0, www.trescabezas.de, Seite 176
ORIGINAL BEANS, Keizersgracht 253, 1016 EB Amsterdam, www.originalbeans.com, Seite 178
ARZBERG PORZELLAN, Wittelsbacher Str. 41, 95100 Selb, Tel. 040 - 22 630 705, www.arzberg-porzellan.com, Seite 180
CONFIS EXPRESS, Messerschmittstr. 23, 89231 Neu-Ulm, Tel. 0731 - 70 79 163, www.confis-express.de, Seite 182
COOKS CONNECTION BERLIN, Sophie-Charlotten-Str. 50, 14059 Charlottenburg, Tel. 263 446 64, www.cooksconnection.de, Seite 184

Allianz

HELEN MOL